Uli Bott • Bernd Bott

#gemeckerfrei

Uli Bott · Bernd Bott

#gemeckerfrei

Warum Erziehung nicht funktioniert und wie wir die Eltern sein können, die wir sein wollen

HERDER

FREIBURG · BASEL · WIEN

MIX
Papier | Fördert gute Waldnutzung
FSC® C014496

www.herder.de

Satz: ZeroSoft, Timisoara
Herstellung: GGP Media GmbH, Pößneck

Printed in Germany

ISBN 978-3-451-60400-3
ISBN E-Book (ePub) 978-3-451-82444-9

Inhalt

Einleitung

Viele Jahre hätte ich alles dafür gegeben, die perfekte Mama zu sein, und habe von Bernd erwartet, der perfekte Papa zu sein. Ganz zu schweigen von all den anderen Lebensbereichen, in denen ich natürlich auch ganz vorne mitschwimmen wollte. Heute weiß ich, dass dieser Wunsch nach Perfektion einerseits ein wahnsinniger Antrieb ist, immer besser zu werden. Nicht stehen zu bleiben. Sich weiterzuentwickeln. Gleichzeitig ist er aber auch eine fatale innere Bremse. Denn das Streben nach Perfektion entsteht immer aus einem Mangelbewusstsein. Aus dem Gedanken, „nicht genug" zu sein. Und Mangel zieht Mangel an. Die Folge ist, dass wir Eltern uns in einem ewigen Hamsterrad bewegen und zielstrebig auf einen Burnout zusteuern. Heute wissen Bernd und ich, dass wir alle nicht perfekt sind und dass es vermessen wäre, als Eltern perfekt sein zu wollen. Dazu ist die Herausforderung, Kinder in die Welt zu begleiten, zu groß. Nichts hat unsere Familie mehr geprägt und geformt, uns wachsen lassen, als uns selbst immer wieder infrage zu stellen.

Da du dieses Buch liest, vermute ich, dass du zu jenen Eltern gehörst, die ihre Kinder so gut wie möglich ins Leben begleiten wollen und auf der Suche sind nach einem guten Weg dahin. Wir wären glücklich, diejenigen für dich sein zu dürfen, die wir uns vor zwanzig Jahren, als wir selbst junge Eltern waren, gewünscht hätten: Menschen mit dem Herz am rechten Fleck, die uns inspirieren, wie das Elternsein gehen kann. Voller Liebe. Voller Demut vor dem Wunder, das unsere Kinder sind. Voller Empathie und Mitgefühl, wenn wir doch einmal an unseren eigenen Ansprüchen scheitern.

Wir wollen dir mit diesem Buch einen Weg zeigen, wie das Projekt Familie gelingen kann. Wie du die Beziehungen in deiner Familie in jedem Moment an die erste Stelle setzen kannst und wie dadurch die Liebe ganz von selbst frei fließen kann.

#gemeckerfrei ist unsere Antwort auf die Frage, wie im Alltag mit unseren Kids Liebe statt Gemecker und Stress vorherrschen kann. Wie ein Zusammenleben für alle Beteiligten würdevoll sein kann. Wie ihr eine „Family in Love“ werdet. Und wie dir dies gelingt, wenn du bei dir selbst beginnst.

Den Großteil des Buches habe ich, Uli, geschrieben. Ich habe unsere Geschichte zu Papier gebracht, denn in unserer Familie bin ich die „Schreibkraft“, die Autorin. Das bedeutet jedoch nicht, dass ich immer nur meine persönliche Perspektive zum Ausdruck bringe. Im Großen und Ganzen ist es immer unsere, Bernds und meine, gemeinsame Sichtweise, die wir dir schildern. Und an manchen Stellen fließt ganz explizit Bernds Sichtweise ein.

An vielen Stellen des Buches erzähle ich von unserer eigenen Familie. Oftmals geschieht dies, das wirst du merken, mit einem Augenzwinkern. Denn Humor ist für uns ein guter Modus geworden, um mit unserem Schmerz umgehen zu können. Dem Schmerz darüber, dass es zwar immer schon unser erklärtes Ziel war, unsere Kinder bedingungslos zu lieben, es aber eben auch Situationen und Momente gab, in denen uns dies schlichtweg nicht gelungen ist. Momente, die uns leid tun und die gerade beim Schreiben dieses Buches immer wieder so präsent wurden, dass mir Tränen in die Augen traten.

Umso dankbarer bin ich für diesen Satz unseres 15-jährigen Kindes: „Ganz egal, wie blöd das vielleicht manchmal war, ich hab's nicht als schlimm empfunden, weil ich immer wusste, dass ihr mich liebt!“ Danke!

Bevor es richtig losgeht, möchte ich dich ermutigen, darauf zu vertrauen, dass auch du es schaffen kannst, die Mama oder der Papa zu sein, die oder der du schon immer sein wolltest. Es gibt einen Weg, wie du auf Augenhöhe mit deinen Kindern und befreit von hinderlichen Glaubenssätzen wachsen kannst. Wie du ein wunderbares Vorbild für deine Kinder sein kannst. Dafür ist es nie zu spät. NIE! Du kannst in jedem Moment das Ruder herumreißen und aus der Meckerspirale aussteigen. Oder aus der Selbstaufopferung. Sei gewiss, dass sowohl deine Kinder wie auch dein Partner diesen Weg mitgehen werden. Denn es ist ein guter Weg, ein Weg voller Liebe. Sei gewiss, dass du dein Bestes geben kannst und dass dies immer „genug“ ist.

Viel Freude beim Lesen!

Ein kurzes Video zur Begrüßung findest du im Internet unter: gemeckerfrei.de/buch-begruessung
Oder du scannst einfach diesen Code mit deinem Smartphone über eine passende App.

1. Wie wir die perfekten Eltern sein wollten und warum wir grandios gescheitert sind

Eltern werden ist nicht schwer

Als ich dreizehn Jahre alt war, fasste ich den Entschluss, dass ich die Welt für Kinder schöner machen wollte. Der Auslöser dafür war ein Artikel über Mutter Teresa und ihre Arbeit in Indien. Dieser Text hat etwas in mir zum Schwingen gebracht, etwas in mir berührt. Damals erlebte ich als Babysitterin und später in verschiedenen anderen Jobs, bei denen ich mit Kindern zu tun hatte, immer wieder, dass sie nicht gehört oder wahrgenommen wurden. Mir brach es das Herz zu sehen, wie diese kleinen Menschen reagierten, wenn sie kritisiert oder geschimpft wurden. Wie viel Schmerz durch dieses Verhalten entstand – sei es aus Unwissenheit oder weil man das eben so machte. Ich wollte, dass Kinder nicht wie Menschen zweiter Klasse behandelt werden, nur weil sie kleiner sind.

Ich wünschte mir vielmehr, dass Kinder in dem Wissen und Gefühl aufwachsen dürfen, dass sie wundervoll sind, so wie sie sind. Dass sie nie vergessen, dass sie vom Leben selbst geliebt werden. Dass sie wissen, dass eine unzerstörbare Kraft in ihnen wohnt und dass sie hier in dieser Welt erwünscht sind.

Rückwirkend betrachtet, war das natürlich auch mein eigener Schmerz, der mich damals mit dreizehn angetrieben hat. Der Schmerz, als Kind nicht so gehört worden zu sein, wie ich es mir intuitiv gewünscht hätte. Gleichwohl weiß ich, dass auch meine Eltern, die ich von Herzen liebe, ihr Allerbestes gegeben haben.

Mein Wunsch, die Welt für Kinder schöner zu machen, führte zu diversen Tätigkeiten mit Kindern und deren Eltern während meines Studiums. Während dieser Zeit hörte ich immer wieder einen Satz, den alle kinderlosen Pädagogen kennen: Krieg erst mal selber Kinder! Und ja – ich konnte ihn nachvollziehen, auch wenn er mir nicht gefiel. Lustigerweise ist jedoch gerade dieser Satz zum Leitstern von Bernd und mir geworden, sodass wir heute nur über Themen sprechen, die wir selbst erlebt haben. Wir teilen in diesem Buch unsere Erfahrungen aus einundzwanzig Jahren Elternsein mit dir. Wie wir dieses Abenteuer erleben und es mit vier gemeinsamen Kindern meistern.

Dabei galt auch für Bernd und mich zunächst genau wie für alle Eltern: Wir werden Eltern und wir haben „no fucking idea", wie die Nummer funktioniert. Wie gelingt es, dass unsere Kinder nicht nur körperlich wachsen? Wie werden sie selbstständig, wie funktioniert der Alltag, wie meistern sie selbst später ihr Leben? Was brauchen sie von uns? Und was sollten sie im besten Fall nie erleben? Wie schafft man das neben all den anderen „Baustellen" – Jobs, Finanzen, Beziehung, Gesundheit? Wie können wir dieses Leben erfüllt leben und dabei unsere Kinder bestmöglich unterstützen? Und all dies bitte so, dass jedes Kind sich in jeder Sekunde maximal geliebt fühlt – einfach weil es da ist.

Wir hatten keine Ahnung. Und wir hatten auch keine Ahnung, dass wir keine Ahnung hatten. Wir hielten uns an Konzepten fest, taten viele Ideen als veraltet ab, klammerten uns andererseits an jeden Strohhalm, der uns sinnvoll erschien.

Wir wussten zum Beispiel nicht, dass es wichtig sein könnte, sich mit dem Gefühl, „keine Ahnung zu haben" auszusöhnen. Stattdessen versuchten wir lange Zeit, den Stein der Weisen zu finden. Den einen ultimativen Weg, der funktioniert. Sowohl für unsere eigenen als auch für alle anderen Kinder. Denn das war ja immer unser erklärtes Ziel: Die eigenen Erfahrungen irgendwann multiplizieren zu können, um die Welt für alle Kinder liebevoller zu gestalten.

Aber der Reihe nach:
Aufgrund der Bedeutsamkeit eigener Erfahrungen haben wir ganz bewusst sehr früh im Leben – mit Anfang zwanzig – selbst Kinder bekommen. Und es war meine absolute Erfüllung. Ich gab mir selbst das Versprechen, dass dieses Kind und alle weiteren meiner Kinder sich in jeder Sekunde geliebt fühlen sollten, dass sie so heil und rein wie möglich bleiben können sollten. Durch meine leicht esoterisch angehauchte Kindheit war so etwas wie die „Vollkommenheit der Seele" ein hohes Gut. Als Eltern hatten wir den Auftrag, dafür zu sorgen, dass dieses Gefühl von bedingungsloser Liebe aufrechterhalten bleibt. Irgendwie erschien mir alles so zerbrechlich. In der Folge bedeutete das Hausgeburt, Langzeitstillen, dann Bio-Kost, kein Zucker, kein Fleisch, kein Plastikspielzeug, keine Chemikalien, Tragetuch statt Kinderwagen, Familienbett, solange das Kind will, sofort reagieren, wenn das Kind einen Pups von sich gibt, keine Fremdbetreuung in den ersten drei Lebensjahren ... Wir wollten jedwedes Unheil von unserem Kind fernhalten, damit es ja keinen Schaden davonträgt.

Unser erstes Kind war das Zentrum unseres Lebens, und es fühlte sich gut und richtig an, sich ihm hinzugeben. Bald kam das zweite Kind. Als die jüngere Schwester so etwa zwei Jahre war, bekam unser Konstrukt erste Risse. Denn wie geht man damit um, wenn Kind zwei sich in Kind eins „verbeißt"? Wieso bekommt dieses so sehr von uns geliebte Kind ständig Wutausbrüche? Wir geben unseren Kindern doch alles – ist das etwa immer noch nicht genug? Wir verwandelten das Wohnzimmer in Spielelandschaften, lasen den Kindern jeden Wunsch von den Lippen ab und trotzdem brannte die Hütte, weil die Lieblingshose nicht gewaschen war, die Zahnbürste auf gar keinen Fall in den Mund durfte oder die Naht der Socke drückte.

Ich stand dermaßen unter Strom. Denn alles, was ich als Mama tat, stand ständig auf dem Prüfstand: Mache ich es auch richtig? Bin ich wirklich eine perfekte Mutter? Die perfekteste überhaupt?

Pausenlos kreisten diese Fragen in meinem Kopf, mit denen ich mich – und alle anderen Mamas in meinem Dunstkreis gleich mit – bewertete. Permanent. Lange Zeit habe ich diese Stimme in meinem Kopf gar nicht bemerkt. Oder ich habe mir nichts dabei gedacht, dass sie da war. Es war eben normal, solche fixen Ansichten und Vorstellungen zu haben. Es war normal, solche Erwartungen an mich selbst zu haben. Und an alle anderen. Denn es galt ja, die Welt für alle Kinder schöner zu machen. Ich sortierte kleinste Verhaltensweisen in „richtig" und „falsch" und ging davon aus, dass wir Eltern nur bereit sein müssten, den Kindern alle Bedürfnisse zu erfüllen, dann würden sie sich auch geliebt fühlen. Und sich auch so verhalten. Ich glaubte zum Beispiel, dass Kinder, die sehr wütend wurden, zu viele unerfüllte Bedürfnisse hatten und sich nicht ausreichend geliebt fühlten … Aber unerfüllte Bedürfnisse? Das konnte bei uns nicht sein. Es war unmöglich. Wir gaben doch alles. Wirklich ALLES.

Wir diskutierten mit Kind 1 und Kind 2 und überforderten sie regelmäßig mit unserem Redeschwall. Wir wendeten jede Methode der „Kindererziehung" an, die ich irgendwo auftreiben konnte. Wir hinterfragten uns als Paar. Wir arbeiteten an uns und nahmen externe Hilfe an. Wir stellten uns ständig die Frage, wie wir so liebevoll mit unseren Kindern sein können, wie ich in mir fühlte, dass es möglich sein müsse.

Dann kam Kind 3 dazu. Mein persönlicher Kollaps. Denn auf einmal waren da mehr Kinder als Erwachsene. Auch wenn wir uns gemeinsam um die Kids kümmerten. Vier Hände reichten nicht mehr aus – ein Kind musste immer warten. Meine Angst, dass sich eines unserer Kinder zurückgesetzt fühlen könnte, wurde größer und größer. Und wie das mit Ängsten so ist, dauerte es auch nicht lange, bis das erste Kind sich tatsächlich auch so fühlte und immer „schwieriger" wurde.

Irgendwann waren wir am Rande der Erschöpfung angekommen: jahrelang Nächte mit unterbrochenem Schlaf, finanzielle Sorgen und die latente Angst zu versagen forderten ihren Tribut.

Es kam, wie es kommen musste: Die Anspannung wuchs und wuchs, und wir wurden lauter und lauter. Spätestens wenn nach dem ersten und zweiten auch noch das dritte Kind einen Wutausbruch hatte – am besten, während Kind 4 gestillt wurde –, war es um meine Gelassenheit geschehen. Am schlimmsten war das schlechte Gewissen, oft schon während des Meckerns, ganz bestimmt aber danach. Wie oft habe ich abends im Bett gelegen mit der Sorge, was ich womöglich alles kaputt gemacht haben könnte. Dass es mir nicht gelungen war, die Mama zu sein, die ich so gerne sein wollte. Dabei wollte ich doch nichts anderes, als mein Ideal von Elternschaft leben. Und wenn ich es schon mit meinen eigenen Kids nicht hinbekomme, wie sollte ich dann jemals etwas an andere Eltern weitergeben können?

Wie so viele Eltern, die wir mittlerweile begleitet haben, hatte ich lange Zeit immer das halb leere Glas vor Augen. Statt mich zu freuen, was alles gut geklappt hat oder welche kleinen und großen Herausforderungen wir wieder einmal bewältigt hatten, lag mein Fokus auf unseren vermeintlichen Fehlern. Dabei gab es natürlich auch viele, viele superschöne Momente. Das Zusammenleben mit vier wundervollen kleinen Menschen ist großartig und so bereichernd. Was haben wir alles zusammen gespielt, gebaut, erlebt. Stundenlanges Zuschauen an jeder Baustelle, jeden Kuhstall kannten wir von innen, jeder Regenwurm bekam einen Namen, das ganze Haus ein absolutes Kinderparadies. Kinderlachen den ganzen Tag, eine offene Tür für die vielen Freunde unserer Kinder und unzählige wundervolle Erlebnisse. Ja tatsächlich, auch damals hat vieles schon ganz hervorragend funktioniert. Und ich bin mir sicher, das ist bei dir ganz genau so, wenn du einmal die Fehlersuche einstellst und eine andere Brille aufsetzt. Es war also vieles schon wunderschön und manches eben nicht. Deshalb wollte ich es noch harmonischer. Noch liebevoller. Noch entspannter.

Heute bin ich unendlich dankbar für diese großartige Reise, für diesen Weg, den Bernd und ich seit mehr als einem Vierteljahrhundert zusammen gehen. Ich bin dankbar für unsere wundervollen Kinder und dass sie sich uns als Eltern ausgewählt haben. Ich bin dankbar für jeden Fehler, den wir gemacht haben, weil wir so immer besser wussten, wie wir es haben wollten und wie es funktionieren kann. Denn ohne all diese Erfahrungen gäbe es heute #gemeckerfrei nicht.

Und ich bin auch dankbar dafür, dass wir einen Weg gefunden haben, wie wir Eltern begleiten können, das Elternsein mit all seinen Unwägbarkeiten zu genießen und das Beste aus der gemeinsamen Zeit zu machen. Ich liebe es zu sehen, wie viele Familien durch unser Vorausgehen bereits #gemeckerfrei wurden, sich von unzähligen Zwängen befreit haben – eigene, oftmals biografisch bedingte Blockaden und Glaubenssätze über Bord werfen konnten. Und natürlich bin ich und sind wir dankbar dafür, dass du dieses Buch in Händen hältst und dich inspirieren lässt.

Wenn dieses Buch ein wenig dazu beitragen kann, dass du die kritische Stimme in dir ein wenig veränderst und milder auf dich und deine Lieben schauen kannst, hat es seinen Zweck erfüllt.

Gemeinsam können wir es schaffen, die Welt für Kinder schöner zu machen. Genau genommen sind wir – du und ich – ja auch nur große Kinder. Wir wollen die Welt also für alle schöner machen. Liebevoller. Weil es dann schlicht besser ist. Denn – wie heißt es so schön – Liebe verdoppelt sich, wenn man sie teilt.

Ich würde mich freuen, wenn dieses Buch und #gemeckerfrei dich dabei unterstützen können, glücklich zu sein und „Ja“ zu dir und deinem Leben zu sagen.

Bernds Blick
Auch in mir wohnt ein kleiner Weltverbesserer. Allerdings war mir lange nicht klar, welches Thema für mich im Vordergrund stand. Dafür war ich zu vielseitig interessiert. Umwelt-, Flüchtlings-, Bildungsthemen waren eigentlich mein Fokus. Und meine zweite Heimat. Mein wirkliches Zuhause war eher ein Anti-Vorbild. Meine Eltern waren zu sehr mit sich und ihrer Beziehung beschäftigt – die auch in einer unschönen Scheidung endete. Damals konnte ich mir gar nicht vorstellen, überhaupt jemals eine längerfristige Beziehung einzugehen – von eigenen Kindern ganz zu schweigen. Und dann kam Uli in mein Leben. Für mich war klar, wenn ich jemals Kinder bekomme, dann wachsen die in einer funktionierenden Beziehung auf. Gleichzeitig wollte ich ein wirklicher Papa sein – nicht nur der Feierabend-Gutenachtküsschen-Typ. Ich wollte mit meinen Kindern und mit meiner Frau leben, den Alltag mit ihnen teilen. Und so hat das gut gepasst mit uns beiden, mit Uli und mir.

Ohne unsere Kinder wäre ich eine arrogante „Besserwisserin" geworden

Dieses Eingeständnis pikst. Vor allem, weil es für mich früher unmöglich gewesen wäre, darüber zu sprechen oder gar zu schreiben. Allein, mir diese Schwäche selbst einzugestehen, wäre ein Ding der Unmöglichkeit gewesen. Dabei ist Ehrlichkeit mit sich selbst *der* Gamechanger schlechthin, das Salz in der Suppe des Lebens. Weil wir nur verändern können, was wir erkannt haben. Weil wir unser Verhalten nur ändern können, wenn uns die zugrunde liegenden Muster bewusst sind.

Von den Teilnehmerinnen und Teilnehmern unserer Workshops und Seminare weiß ich jedoch, dass ich nicht alleine bin mit diesen Verhaltensmustern, die wir uns gleich näher ansehen werden. Und ich hoffe, dass es dir Mut gibt, auch bei dir selbst hinzuschauen. Wenn man ehrlich mit sich ist, kann man aus alten und hinderlichen Glaubenssätzen Glaubensschätze machen.

In meiner Kindheit gab es ganz klare Richtlinien, was als richtig und was als falsch galt. Es gab Regeln, wie man Dinge zu tun hat. Wenn man sie nicht in regelkonformer Weise tat, wurde dies als Fehler oder Missgeschick gewertet. Meine Eltern zum Beispiel reagierten wechselweise mit Tränen oder Wut, wenn ihnen selbst ein Fehler unterlaufen war.

Ich habe lange überlegt, inwieweit ich in diesem Buch generationenübergreifend erzähle und zum Beispiel auch meine geliebten Eltern „mit ins Boot hole" und Geschichten aus meiner Kindheit teile. Ich bin zu dem Schluss gekommen, dass es wichtig ist, ein bisschen auszuholen und zurückzublicken. So können wir uns selbst viel besser verstehen.

Meine Eltern gehören zur ersten Nachkriegsgeneration, sind also Kinder zutiefst traumatisierter Menschen, die den Zweiten Weltkrieg miterlebt haben und denen es über Jahre an vielem gemangelt hat. Vor allem hat es ihnen an Sicherheit gemangelt. Dieser Mangel an Sicherheit führte dazu, dass die Kinder dieser Eltern ein ausgeprägt großes Bedürfnis nach eben genau dieser Sicherheit entwickelt haben. Und eine ganz grundlegende Verhaltensweise, um Sicherheit in allen Bereichen des Lebens erleben zu können, ist die Einteilung der Welt in Gut und Böse, Richtig und Falsch. Denn Fehler zu machen, kann einen das Leben kosten. Das war die Erfahrung ihrer Eltern.

Deshalb war es ein ganz wesentlicher Gradmesser, die Dinge oder besser das Leben „richtig" zu machen. Und sie gaben sich alle Mühe dabei und strengten sich über die Maßen an. Meine Mama mit uns Kindern, mein Papa mit allem anderen. Möglichst keine Fehler zu machen war das Ziel. Denn Fehler waren gefährlich, sie implizierten, dass man vom richtigen Weg abgekommen war, dass man versagte. Gleichzeit war man, wenn man einen

Fehler gemacht hatte, nicht liebenswert – weder in den eigenen Augen noch in den Augen anderer. Nur so kann ich mir erklären, warum die Angst meiner Mutter vor Fehlern oder die Wut meines Vaters angesichts von Missgeschicken immer so groß war.

Ich erinnere mich an „Dampfnudeln-Dramen“, weil die Hefeklöße nicht aufgegangen waren. Wie sehr meine Mutter darunter gelitten hat. Sie saß weinend auf dem Sofa, das gemeinsame Essen war Geschichte und ich wusste weder, wie ich hätte Trost spenden können, noch verstand ich ihren Schmerz. In der Luft hing beißende Kritik, doch gesprochen wurde nicht. Irgendwann nach Stunden oder Tagen war es dann wieder vorbei. Für mich haben die Dampfnudeln trotzdem lecker geschmeckt. Aber ich habe beobachtet und „gelernt“: Man muss perfekt sein, dann muss niemand leiden.

Und so habe ich mich mehr und mehr unter der „Richtig“- und „Falsch“-Glocke durch mein Leben bewegt. Ich habe mich selbst sehr angestrengt, um perfekt zu sein, habe mich angepasst und immer wieder abgeglichen, wann und wie ich richtig bin.

Andererseits funktionierten schon damals die Kritierien, die ich für „richtig“ und „falsch“ entwickelt hatte, nur bedingt. So erinnere ich mich beispielsweise daran, dass meine Eins in einer Klassenarbeit abgetan wurde mit der Bemerkung „Da hast du ja eh nichts für gelernt.“, während die Drei meines Bruders gefeiert wurde, weil es keine Fünf war. Ich habe damals also mitgenommen: Um geliebt zu werden, darf ich keine Fehler machen und muss mich anstrengen, sonst zählt es nicht.

Für unsere eigenen Kinder wünsche ich mir, dass sie sich losgelöst von irgendwelchen Bedingungen geliebt fühlen. Einfach weil sie sind, wie sie sind.

Zu Beginn meiner Elternschaft konnte ich das alles noch längst nicht so verstehen, wie ich es eben beschrieben habe. Erst mal war es nur ein Gefühl. Ich wollte, dass meine Kinder es leichter haben.

Allerdings habe ich diesen Wunsch mit demselben Muster versucht umzusetzen, das mich schon in meinem Elternhaus geprägt hatte. Das heißt, ich wollte es richtig machen. Ja keinen Fehler machen. Dafür war ich bereit, mich endlos anzustrengen.

Merkst du was? Das ist es, was so oft passiert: Wir überprüfen und reflektieren unsere eigenen Muster *mit unseren eigenen Mustern*. Die Glaubenssätze, die uns innewohnen, steuern uns – egal, wie bewusst wir uns selbst beobachten.

Damals wusste ich das nicht. Aber ich habe jedes Buch verschlungen, das mir sinnvoll erschien. Besuchte Weiterbildungen und Seminare. Lernte und beobachtete andere Menschen, zog daraus meine Schlüsse. Bewertete in Richtig und Falsch, Gut und Schlecht und richtete mein Handeln danach aus. Nach dem gleichen Muster bewertete ich auch andere Menschen. Schwarz oder weiß, das waren die Optionen. Ich sah nicht, dass jeder Vater und jede Mutter, dass jeder Mensch auf der Welt in jedem Moment sein Bestes gibt. Ich war der Meinung, dass jeder perfekt sein könnte, wenn er sich genug anstrengen würde.

Also strengte ich mich an. Gab alles. Die Folgen kennst du schon aus dem vorangegangen Kapitel. Je anstrengender es wurde, desto weniger klappte es. Denn: Es ist einfach totaler Blödsinn zu glauben, dass man mit genügend Anstrengung alles erreichen kann. Man kann auf diese Weise einen Burnout erreichen. Ja, kein Problem. Aber das war es dann auch schon.

Unsere vier wundervollen Kinder haben mir gezeigt, dass sie komplett unterschiedlich sind und dennoch jede und jeder auf seine Art gleichermaßen liebenswert. Ab einem bestimmte Zeitpunkt funktionierte mein Konzept von Schwarz-Weiß und Richtig-Falsch nicht mehr. Unsere Tochter hatte Wutanfälle, obwohl wir sie mit Liebe überschütteten, im Familienbett langzeitstillten, immer für sie da waren. All die Dinge, die bei ihrem älteren Bruder hervorragend geklappt haben, waren bei ihr völlig sinnfrei und wirkungslos. Oder zumindest führten sie nicht dazu, dass wir das Gefühl hatten, ihr gehe es gut. Bei unserem dritten Kind funktionierten wieder andere Dinge nicht. Wir waren maximal verwirrt.

Was haben wir nicht alles ausprobiert: Wahlmöglichkeiten, aktives Zuhören, gewaltfreie Kommunikation, logische Konsequenzen, Ermutigung statt Lob, Familienrat, Alternativen erforschen, noch mehr Bedürfnisse erfüllen, noch mehr Gefühle wahrnehmen, sein lassen, annehmen, klare Strukturen und Regeln oder wenige Strukturen und Regeln – für das eine Kind so, für das andere anders ... Wir haben alles umgesetzt, was uns sinnvoll erschien. Im Höchstfall war es drei Wochen besser, dann kam das Chaos zurück.

Wenn du glaubst zu wissen, woran unsere Misere lag, und vielleicht denkst: viel zu viel Veränderung, zu wenig Konstanz oder zu viel Druck, zu wenig Liebe, zu wenige Regeln, zu viel ... von was auch immer. Falls du also gerade solche Gedanken haben solltest, dass du glaubst zu wissen, was wir falsch gemacht haben: Ich bin ganz bei dir, denn so war ich jahrelang. Und ich weiß auch, dass es aufschlussreich sein kann zu merken, dass man es gerne „richtig" machen will. Und wie anstrengend das ist.

Meine Erfahrung hat mich gelehrt, dass genau dieses „richtig machen wollen" einer meiner größten Stolpersteine war. Ich bin heute davon überzeugt, dass unsere Kinder unsere tiefsten und sabotierendsten Glaubenssätze in uns bemerken und aufdecken. Dass es schlussendlich gar nicht darum geht, welche Methode die „richtige" ist – weil es den einen richtigen Weg gar nicht gibt und – genau genommen – gar nicht geben kann. Genauso wenig wie den einen richtigen Ansatz, der für alle passt. Es gibt nicht einen Weg für alle, aber für alle einen Weg. Jeder Mensch ist individuell und braucht eine ganz eigene Ansprache.

Als Eltern sind wir immer Anfänger. Denn auch bei meinem vierten Kind war ich noch nie die Mama von diesem Kind. Ich weiß nicht, was diese Seele mitbringt, was sie braucht, wie ich sie gut ins Leben begleite. Ich kann es nicht wissen, bevor ich es nicht ausprobiert habe. Jedes Mal aufs Neue. Und um es ausprobieren zu können, muss ich bereit sein, Fehler zu machen. Denn sie weisen mir den Weg. Den „Mut zum Fehler“ entwickle ich seit über zwanzig Jahren jeden Tag weiter. Und mutig zu sein bedeutet, mir selbst mehr zu vertrauen als meiner Angst.

Ich bin nicht perfekt, und das ist gut so. Das ist sozusagen perfekt. Ein Geschenk.

Denn es bedeutet, erkennen zu dürfen: Ich bin ein Mensch. Ich bin liebenswürdig genau so, wie ich bin. Und ich bin hier auf dieser Erde, um Erfahrungen zu sammeln. Das ist mein Selbstverständnis.

Wenn wir ihn loslassen, den Perfektionismus, wenn wir unseren Mut zum Fehler kultivieren, dann kommen wir im Hier und Jetzt an. Dann brauchen wir keine Angst mehr zu haben vor der Zukunft, keine Sorgen aufgrund vermasselter Gelegenheiten in der Vergangenheit. Wir können neugierig sein auf das, was kommt. Neugierig sein zu sehen, was noch in uns steckt. Wir können beginnen, sanft und nachsichtig mit uns zu sein. Uns liebevoll annehmen. Damit legst du die Grundlage dafür, dass du auch sanft zu anderen sein kannst. Erkennen kannst, dass jeder Mensch in jedem Moment sein Bestes gibt. Vielleicht kannst du dadurch sogar dankbar sein für deine Geschichte, deine Vergangenheit, für all die Erfahrungen, die du bis heute machen konntest. Weil sie dich geformt haben und dich haben erleben lassen, was du magst und was eben nicht.

Für mich waren diese Schritte essenziell. Denn nur so konnte ich mein Anspruchsdenken an mich und alle anderen Menschen verändern. Ich konnte durch diese Erfahrungen den Glaubenssatz verändern, dass man alles mit genügend Disziplin und Anstrengung schaffen kann. Ich konnte sanft werden – auch mit den Eltern, mit denen wir arbeiteten, und allen anderen Menschen. Denn wir alle – du und ich und jeder große Mensch – trägt ein mitunter verletztes Kind in sich, das geheilt und geliebt werden möchte.

Je mehr wir bei uns selbst ankommen, umso mehr können wir uns entspannen. Und das ist die Basis für die eigene Neugierde. Erst dann ist ein Offensein für andere Menschen und andere Erfahrungen möglich. Dann kannst du dich öffnen für dein inneres Kind.

Neugierig sein, wer dein Kind wirklich ist. Was in ihm steckt, was es der Welt schenken kann. Wer es sein möchte, wenn es frei entscheiden darf, statt für dich perfekt zu sein.

Ich danke von ganzem Herzen unseren unperfekten Kindern. Danke, dass ihr mir geholfen habt loszulassen. Dieses Muster zu erkennen und immer mehr zu durchbrechen.

Danke, dass ihr mir eure unvoreingenommene Liebe schenkt.

Danke, dass ich lernen durfte, dass ich immer und in jedem Moment die beste Mama für euch bin.

Danke, dass ich die werden durfte, die ich heute bin, und milde und sanft auf die schauen kann, die ich früher war.

Danke, dass uns dieser Weg ermöglicht hat #gemeckerfrei zu finden. Keine Methode, kein Erziehungsstil, sondern eine Haltung. Ein Weg, den wir gehen konnten, weil unsere Kinder uns so hartnäckig den Spiegel vorgehalten haben. Uns immer und immer wieder gezeigt haben, dass unsere Ideen nicht funktionieren, solange wir nicht zu tausend Prozent integer sind.

Unsere Reise zu #gemeckerfrei handelt davon zu erkennen, wie schnell es passieren kann, dass unsere eigene Geschichte, die eigenen Verletzungen, die eigenen Bewertungen uns davon abhalten, unser Herz zu öffnen oder offen zu halten.

Was es bedeutet, den Mut zu haben, Fehler zu machen, erkennst du an deinen automatisierten Verhaltensweisen. Beobachte dich vielleicht einmal selbst: Wie reagierst du, wenn deinem Kind beispielsweise ein Lego-Turm umfällt? Und wie reagierst du, wenn du das Backpulver in deinem Marmorkuchen vergisst und der Kuchen flach wie eine Flunder bleibt? Bist du gleichermaßen liebevoll mit deinem Kind und mit dir? Oder sagst du zu deinem Kind Sätze wie: „Ist nicht schlimm, komm, wir bauen ihn wieder auf!" und dich selbst kritisierst du scharf? „Ich Depp, wieso passiert das ausgerechnet mir? Hätte ich nicht besser aufpassen können? Ich bin doch wirklich zu blöd!"

Bernds Blick
Wenn der Perfektionismus weichen darf, bedeutet das eine enorme Entspannung. Insofern ist es toll, dass Uli diesen Schlüssel, nicht mehr alles richtig machen zu wollen, für sich und uns gefunden hat. Denn natürlich entspannt es uns alle. Das kennst du wahrscheinlich auch, oder? Gerade für mich als Papa ohne pädagogischen Hintergrund war es oftmals herausfordernd nachzuvollziehen, was immer wieder aufs Neue verbessert werden sollte. Ich hatte schlicht keine Ahnung. Aber ich habe Uli hundertprozentig vertraut. Denn was immer über allem stand, war und ist die tiefe Liebe zu den Kindern und auch zu mir. Dieses Gefühl ist wie ein Leitstern, der alles andere weit in den Schatten stellt.

Die Erziehungslüge – Warum wir unsere Kinder nicht erziehen können

> *„Du und ich – wir sind eins. Ich kann dir nicht wehtun, ohne mich zu verletzen."* (Gandhi)

Über Erziehung wollte ich lange nicht sprechen. Ich wollte mich nicht positionieren, wollte weder für „erziehen" plädieren noch für „nicht erziehen". Denn das Thema war und ist in meiner Wahrnehmung emotional sehr aufgeladen. Während wir – Bernd und ich – uns mit den verschiedenen Ansätzen und Ideen auseinandergesetzt haben, kamen wir immer wieder zu dem Schluss, dass es sich nicht gut anfühlt, unsere Kinder „erziehen" zu wollen. Aber auch vieles von dem, was wir über das „Nicht Erziehen" mitbekommen haben, war uns zu dogmatisch, zu radikal, zu bewertend, sodass wir uns auch damit nicht wohlgefühlt haben. Wir konnten also weder zu dem einen noch zu dem anderen Ansatz aus ganzem Herzen Ja sagen.

In unserer großen und jedem zugänglichen Community bei Facebook[1] begegnen wir immer wieder dem Phänomen, dass, sobald wir uns für eine gleichwürdige Partnerschaft zwischen Eltern und Kindern anstelle von Erziehung aussprechen, es Eltern gibt, die uns überhaupt nicht folgen können. Eltern, die bereits mit diesem Ansatz vertraut sind, fühlen sich wiederum nicht inspiriert, weil diese Grundhaltung für sie nichts Neues ist. Je nachdem, zu welchem Ansatz du tendierst, kannst du beim Lesen dieser Zeilen vielleicht bei dir selbst die eine oder die andere Reaktion beobachten.

Insgesamt zeigt dies, wie heterogen die Gruppe der Eltern ist, wie viele unterschiedliche Vorstellungen und Herangehensweisen es zum Thema Erziehung gibt, wie weit die Standpunkte mitunter voneinander entfernt sind und wie eng sie manchmal auch beieinanderliegen. Fakt ist, dass sich alle Eltern wünschen, dass ihre Kinder sich gut entwickeln, dass sie gut aufs Leben vorbereitet und eine gute Zukunft haben werden. So geht es uns, Bernd und mir. Und so wird es auch dir gehen, da sind wir sicher und davon gehen wir aus.

Wenn wir im Folgenden beginnen, differenzierter einzusteigen, gibt es quasi zwei Lager, die sich aber nicht klar voneinander abgrenzen lassen, sondern miteinander verschmelzen: Auf der einen Seite die Eltern, die bisher eher klassisch unterwegs sind, die im Großen und Ganzen zufrieden waren mit ihrer eigenen Kindheit, sich im Vorfeld weniger Gedanken gemacht haben

---

1 www.facebook.com/gemeckerfrei/

über das Elternsein und jetzt im Alltag an ihre Grenzen stoßen und neue Wege suchen. Auf der anderen Seite jene Eltern, die sich schon intensiv mit Themen rund um Kinder und deren Entwicklung beschäftigt haben, die vieles anders machen wollen und denen es ein ganz großes Anliegen ist, liebevoller mit den eigenen Kindern umzugehen, als sie es selbst erlebt haben.

Für die einen ist *Erziehung als Konzept* längst überholt und für die anderen essenzieller Bestandteil des Elternseins. Häufig gibt es großes Unverständnis für die jeweils andere Meinung. Denn irgendwie versuchen ja alle Eltern, den einen richtigen Weg zu finden. Da ist eine gewisse Konkurrenz der verschiedenen Ansätze und Methoden normal und legitim. Deshalb gibt es Themen – zum Beispiel die hier aufgeworfene Frage „Erziehung ja/nein" –, mit denen man sich als Autorin *immer* in die Nesseln setzt.

Bernd und ich merken mehr und mehr, wie wichtig es uns ist, uns dafür einzusetzen, dass dieses Konkurrenzdenken unter den Eltern aufhört. Denn wir haben großartige Eltern begleitet – sowohl jene, die bisher sehr traditionell unterwegs waren, als auch solche, die superalternativ oder fortschrittlich waren. Niemand hat es besser gemacht. Unsere Erfahrung ist, dass #gemeckerfrei für alle gleichermaßen funktioniert – völlig losgelöst davon, wo du gerade stehst und welches Vorwissen, welche Meinung, welchen Standpunkt du einnimmst. Die einzige Voraussetzung, die es braucht, ist dein fester Wunsch, die Mama oder der Papa zu werden, die oder der du sein möchtest.

Um uns von vorgefertigten Meinungen lösen zu können, müssen wir ein bisschen tiefer einsteigen. Wir müssen hinschauen, warum dieses ganze Erziehungsthema denn eigentlich so emotional aufgeladen ist. Aus unserer Sicht kommen beim Elternsein zwei Herausforderungen zusammen, die sich gegenseitig verstärken.

Erstens hat niemand von uns auch nur im Ansatz eine Idee davon, wie Elternschaft funktioniert. Wie es geht, Mama oder Papa zu sein. Wie man am besten reagiert, wenn das Kind sich weigert zu essen, den Mund aufzumachen für die Zahnbürste, nicht einschläft oder was auch immer. Ganz gleichgültig, welches Vorwissen wir haben, es tauchen Fragen über Fragen auf. Fragen, auf die wir Antworten brauchen. In einer Zeit, in der wir mit Informationen von allen Seiten überflutet werden und uns ein Dschungel an Möglichkeiten zur Verfügung steht. Nicht zu vergessen all die wohlmeinenden Ratschläge von Großeltern, Nachbarn, Freunden.

Zweitens, und das ist unseres Erachtens sogar die größere Herausforderung, bringen wir uns alle selbst mit in die Familie. In dem Moment, in dem wir Eltern werden, können wir unsere eigenen Kindheitsverletzungen nicht mehr ignorieren. Wir müssen aushalten, dass wir Kind unserer Eltern und Eltern unseres Kindes zugleich sind. Wir sind sowohl „Täter“ als auch „Opfer“. Wir müssen damit klarkommen, dass es in unserer Kindheit Momente gab, die uns verletzt haben. Und wir müssen aushalten, dass sich unsere Kinder vermutlich auch immer mal wieder verletzt fühlen werden. Denn wir bringen uns und unsere Geschichte einfach mit. Nichts konfrontiert uns stärker mit uns selbst als das Elternsein. Es holt eigene Verletzungen ans Tageslicht, konfrontiert uns mit unliebsamen Erinnerungen oder der Angst zu versagen. Es weckt längst begrabene oder unterdrückte Gefühle in uns.

Auf die Frage, wie das Elternsein funktioniert, folgt die Frage, was es bedeutet, Kinder zu erziehen. Dann folgt die Frage, ob man Kinder überhaupt erziehen kann? Oder eben nicht? Und müsste uns allen das nicht eigentlich längst sonnenklar sein?

Jede und jeder von uns hat andere Erfahrungen gemacht und seine ganz eigenen Schlüsse daraus gezogen. Wir alle wollen es so gut machen, wie es irgend geht. Am liebsten perfekt. Und es wäre großartig, wenn es den einen richtigen Weg gäbe. Den könnten wir auswendig lernen und – zack – bräuchten wir uns nicht mehr all den Fragen zu stellen. Was wäre das schön, oder?

Ich muss dich enttäuschen: Bernd und ich sind davon überzeugt, dass das absolut nicht schön wäre. Denn wenn es eine solche „Erziehungsformel" gäbe, die immer funktioniert – so wie 1 + 1 = 2, dann hätte uns das so vieles verwehrt. So viele Schritte wären wir nicht gegangen. So viele Erkenntnisse hätten wir nicht gehabt. In unserer Welt gibt es keinen Lebensbereich, der uns persönlich so sehr hat wachsen lassen wie das Elternsein.

Was es dafür braucht, um Elternsein als Wachstumsfeld sehen zu können, ist ein differenzierter Blick auf Erziehung. Und ja – ich stimme dir zu, wenn du jetzt denkst, das wäre paradox. Denn einerseits sagen wir, es gibt kein „Richtig" und „Falsch", und dann nehmen wir in Bezug auf Erziehung doch einen klaren Standpunkt ein. Manchmal sind die Dinge im Leben einfach mehrdimensional und tatsächlich paradox. Wir wollen dich gerne einladen, einfach mal einzutauchen in unsere Blickweise. Ob sie dir gefällt oder nicht, kannst du ja für dich im Anschluss entscheiden. Alle, die sich längst entschieden haben, dass sie ihre Kinder nicht erziehen können, mögen den nächsten Abschnitt vielleicht einfach überspringen.

Warum können wir unsere Kinder nicht erziehen?

Um eine Antwort auf diese Frage zu finden, möchte ich mit dir gerne eine Reise machen und herausfinden, warum wir eigentlich Kinder bekommen. Was lässt uns auf die Idee kommen, Eltern zu werden? Was versprechen wir uns davon? Wieso nehmen wir all die „Entbehrungen" auf uns, anstatt uns einfach alleine oder zu zweit ein schönes Leben zu machen? Früher gab es rationale Gründe dafür: Die Kinder sicherten den Fortbestand der Familie, wurden als Arbeitskräfte gebraucht, konnten als Nachfolger das Familienunternehmen weiterführen. Darüber sind wir im Großen und Ganzen zum Glück längst hinaus.

Vielleicht hast du Lust, das Buch mal kurz zur Seite zu legen, die Augen zu schließen und dir diese Frage zu stellen: Was war deine Motivation, Mama oder Papa zu werden? Was erhofftest und erwünschtest du dir davon?

Ich habe für mich festgestellt, dass es mein größtes Bedürfnis ist, diese tiefe Verbundenheit zu fühlen und bedingungslos lieben zu dürfen. All meine Liebe teilen zu dürfen und Beziehung zu erleben. Unser Familienzielbild ist heute noch die lange Tafel, an der wir alle gemeinsam sitzen und unser Zusammensein genießen. Für mich ist Familie ein Ort tiefen Angenommenseins, ein Ort voller Sicherheit, an dem ich sein darf, wie ich bin, und dennoch oder gerade deshalb willkommen bin. Eine „Family in Love" eben.

Damit wir Eltern diese Gefühle miteinander und mit unseren Kindern teilen können, müssen wir einander auf Augenhöhe begegnen. Es ist unabdingbar, dass wir den Meinungen der Kinder denselben Stellenwert beimessen wie unseren eigenen. Ich kann mich als Mensch nur dann in eine Beziehung einlassen, wenn ich als Person, als Individuum geschätzt und gesehen werde. Das erfordert unsere Bereitschaft, den anderen – auch das Kind – als Subjekt wahrzunehmen. Daraus resultiert, dass das Wichtigste die Qualität der Beziehung zwischen allen Mitgliedern dieser selbst erschaffenen Gemeinschaft ist – in jedem Moment.

Im klassischen Verständnis von Erziehung ist all dies allerdings nicht enthalten. Denn „als Erziehung bezeichnet man in der Wissenschaft alle bewussten und gezielten (intentionalen) Handlungen und Verhaltensweisen eines relativ erfahreneren Menschen (Erzieher, *Educans*), die einen jeweils weniger Erfahrenen (Zögling, *Educandus*) zur selbstständigen Lebensführung befähigen sollen. Erziehung nennen wir also alle die Handlungen, durch die Menschen versuchen, die Persönlichkeit eines anderen Menschen in irgendeiner Hinsicht dauerhaft zu verbessern (…)."[2] Das impliziert, dass das Kind geformt werden oder verbes-

2 Brezinka (1984), S. 713 f., entnommen: Stangl, https://arbeitsblaetter.stangl-taller.at/ERZIEHUNG/

sert werden muss. Die Eltern-Kind-Beziehung ist dabei immer eine hierarchische Beziehung, in der die Eltern recht haben. Genau so verhalten wir alle uns auch immer und immer wieder. Bewusst oder unbewusst.

Bestimmt kennst du solche Situationen: Das Kind – sechs Jahre – sitzt mit euch am Tisch, ihr esst gerade und das Kind nimmt einen Bissen, steht auf, läuft weg, spielt, kommt eine gefühlte Ewigkeit später wieder, leckt den Belag vom Brot, läuft weg, springt aufs Sofa … Ich habe mich so oft dabei ertappt, dass ich dann vorgeben wollte: Gegessen wird am Tisch, sitz ruhig, hampel nicht rum … Unterm Strich sagen wir damit, was richtig und was falsch ist. Wie das Kind sich zu verhalten hat. Und damit üben wir Macht aus. Übrigens – keine Sorge, unser Vorschlag ist nicht, immer alles durchgehen zu lassen. Uns geht es nicht um Antiautorität.

Natürlich gibt es auch jene Momente, in denen wir zum Schutz des Kindes eingreifen müssen. Sei es im Straßenverkehr oder wenn das Kind sich vom Balkon stürzen will, weil es glaubt, fliegen zu können. Da bist du natürlich gefordert – nicht nur aufgrund deiner Erfahrung als Erwachsener, sondern auch in rechtlicher Hinsicht.

Gesellschaftlich gesehen ist es noch gar nicht so lange her, dass Grundsätze wie „Solange du deine Füße unter meinen Tisch stellst, …“ Usus und Alltag waren. Wir alle kennen diesen lange Zeit vorherrschenden autoritären Erziehungsgedanken – und sei es aus Erzählungen. „Warte, bis der Vater heimkommt …“ Physische und psychische Verletzungen waren als Züchtigungsmittel legitim und gängige Praxis. Kinder sollten funktionieren. Zum Ausdruck gebrachte Emotionen oder gar Liebe in den Beziehungen zu den Kindern waren bis in die fünfziger Jahre eher selten.

Kinder, die diese autoritären Erfahrungen gemacht hatten und dann in den 1960ern selbst Eltern wurden, waren in ihren eigenen Erlebnissen gefangen. Einige von ihnen setzten sich das Ziel, es anders machen zu wollen. Und anders bedeutete damals häufig eine antiautoritäre Erziehung. Das war ein ganz wesentlicher Entwicklungsschritt, der in der Wirkung allerdings ebenso fatal war wie der autoritäre Ansatz. Denn diese Eltern wollten unbedingt vermeiden, ihren Kindern ihren Willen aufzuzwingen. Deshalb hielten sie sich einfach komplett heraus und übertrugen alle Macht und damit auch alle Verantwortung den Kindern selbst. Das hat die Kinder jener Zeit häufig überfordert und war in der Wirkung ebenso lieblos wie in der Zeit davor. Es lässt sich leicht beobachten, dass verletzte Kinder oftmals selbst zu verletzenden Eltern werden. Menschen, die zu Objekten gemacht wurden, werden andere zu Objekten machen. Ein Teufelskreis.

Nach der antiautoritären Phase kreierte man den demokratischen Erziehungsstil. Wir sprechen dennoch immer noch von Erziehung. Also bleibt auch im demokratischen Ansatz weiterhin ein hierarchischer Grundgedanke bestehen. Auch wenn dieser mittlerweile etwas netter verpackt ist, wissen wir, dass Demokratie nicht einhergeht mit Gleichwertigkeit, sondern dass auch hier durch die Blume eigene Interessen durchgesetzt werden. Ich erinnere mich beispielsweise an Abstimmungen im Kindergarten, in denen die Kinder gefragt wurden, welchen Ausflug sie lieber machen wollten, und ganz viele Kinder sich der Meinung des beliebtesten Kindes angeschlossen haben – nicht weil sie so gerne dorthin wollten, sondern weil dieses Kind durch seinen Status indirekt Macht ausübte.

Der Neurobiologe Gerald Hüther konnte zeigen, dass Kinder mit dem intuitiven Wissen zur Welt kommen, was sich für sie gut und richtig anfühlt. „Das ist es, was alle Kinder schon mit auf die Welt bringen und was ihnen von Anfang an hilft, nicht alles mit sich machen zu lassen: ihr feines Gespür dafür, wie es richtig wäre. Wie es selbst behandelt werden möchte und wie das Zusammenleben mit anderen gestaltet werden sollte, damit es gut – und jetzt dürfen wir auch den dafür passenden

Begriff verwenden –, damit es menschlich, menschengemäß, also dem Menschen würdig ist."[3] Er bestätigt damit auf wissenschaftlicher Ebene die These von Jesper Juul: „Kinder werden mit allen sozialen und menschlichen Eigenschaften geboren. Um diese weiterzuentwickeln, brauchen sie nichts als die Gegenwart von Erwachsenen, die sich menschlich und sozial verhalten. Jede Methode ist nicht nur überflüssig, sondern kontraproduktiv, weil sie die Kinder für ihre Nächsten zu Objekten macht."[4]

Wenn wir also versuchen, Kinder zu erziehen, glauben wir daran, dass sie durch unseren Einfluss zu besseren Menschen gemacht werden müssten. Und ja, man ging lange Jahre davon aus, dass Kinder noch keine vollständigen Menschen sind und dass sie durch Erziehung geformt werden müssten. Daraus resultiert der Machtanspruch der Erziehenden, beispielsweise im autoritären Ansatz. Gleichzeitig besagt unser Grundgesetz, dass die Würde des Menschen unantastbar ist. Damals galt die Würde als etwas dem Menschen von Beginn an Gegebenes, das ihm nicht genommen werden kann. Gerald Hüther wirft in seinem Buch über die Würde die Frage auf, was die einem Menschen innewohnende Würde bedeutet, wenn er sich ihrer gar nicht bewusst ist.[5] Gleichwohl verhalten wir uns gerade als Eltern oft würdelos, wenn auch nicht vorsätzlich. Vielmehr verhalten wir uns dann würdelos – auch das konnte Hüther mit seiner neurobiologischen Herangehensweise zeigen –, wenn wir selbst würdelos behandelt wurden. Wer sich jedoch seiner Würde bewusst ist, kann weder seine eigene noch die von anderen verletzen. Im Alltag mit Kindern wird die Würde des Kindes – die es fühlt, aber noch nicht bewusst wahrneh-

---

3 Hüther, Gerald: Würde: Was uns stark macht – als Einzelne und als Gesellschaft, München 2018.

4 Jesper Juul: Dein kompetentes Kind, Reinbek bei Hamburg 2016 (13. Auflage), S. 24.

5 Hüther, ebd.

men kann – sehr häufig verletzt. Man denke beispielsweise an schroffe Worte, verletzende Kritik oder die Unfähigkeit von uns Erwachsenen, auszuhalten, dass ein Kind vielleicht noch nicht über alle Fähigkeiten verfügt. Gleichzeitig sind unsere Erwartungen an die Kinder oft übertrieben hoch: Das Kind möge bitte sportlich und musikalisch, gut in der Schule, beliebt, freundlich und hilfsbereit im Haushalt sein. Ein richtiger Tausendsassa sozusagen. Nur erfüllen wir selbst diesen Anspruch ja ehrlicherweise auch nicht. Oder kannst du sowohl ein Auto reparieren als auch Haare schneiden und bist nebenbei Flugzeugpilot? Vermutlich nicht.

Wenn wir unseren Kindern ihre Würde zugestehen und sie das Individuum sein lassen, das sie sind, dann geht es im nächsten Schritt darum herauszufinden, was für ein Mensch dieses Kind ist. Was zeichnet es aus? Wie denkt es? Was ist ihm wichtig? Wie sieht es die Welt?

Die entscheidende Frage ist: Wie können wir uns gegenseitig bereichern, was können wir voneinander lernen und wie gestalten wir unser Zusammenleben so, dass es uns allen guttut? Je früher wir als Eltern damit beginnen, dem Kind den Raum zu geben, den es braucht, um sich zu entwickeln, desto leichter kann sich das Kind losgelöst von unseren Vorstellungen oder Erwartungen entfalten. Nach seinem Tempo, entsprechend seiner Bedürfnisse und entsprechend seiner Potenziale.

Das ist das Fundament. Für ein gutes gemeinsames Leben. Denn wenn du mal rechnest, wie kurz die Kindheit ist und wie lange du dein Leben mit deinen jugendlichen oder erwachsenen Kindern teilen wirst, dann wird schnell deutlich, wie wertvoll eine Beziehung auf Augenhöhe für euch alle ist. Je früher du damit beginnst, desto erfüllender wird diese gemeinsame Zeit für euch alle sein.

Bernds Blick

Als Kind habe ich meine Eltern oftmals auf eine harte Probe gestellt. Als LehrerIn waren sie es gewohnt, Dinge zu erklären, und ich, der Zuhörer, sollte lauschen und dabei etwas lernen. Was ich tatsächlich gelernt habe, war, wie man Dinge lange und ausführlich erklärt. Danke dafür! Weniger gut konnte ich ihre Erklärungen auch tatsächlich behalten. Dinge nachzumachen fiel mir wiederum sehr leicht.

So richtig klar geworden ist mir das, als ich eines Tages meine eigenen Kinder beim Streiten beobachtete und hörte, wie sie ganze Sätze wiederholten, die sie von mir aufgeschnappt hatten. Ich verstand: Ich kann ihnen nichts beibringen. Ich kann ihnen nichts erklären. Ich kann ihnen jedoch etwas vormachen und vorleben. Und sie machen es mir nach – im Guten wie im Schlechten. Wenn ich ihnen vorlebe zu meckern, machen sie mir das nach. Anstatt mir zu überlegen, was ich ihnen beibringen will, habe ich begonnen zu überlegen, welches Vorbild ich sein möchte. Und veränderte mich und mein Verhalten – um meiner selbst willen und für meine Kinder. Ich wollte ihnen zumindest ein gutes Vorbild sein, wenn ich sie schon nicht erziehen konnte.

Erziehungstipps sind wie Abnehmtricks

Diäten! Immer wieder der letzte Schrei. Schon als Kind habe ich meine Mama dabei beobachtet, wie sie sich selbst immer und immer wieder mit der neuesten Methode „gequält" hat. Wie sie immer und immer wieder versucht hat, durch eine bestimmte Ernährungsweise ein paar Kilo abzunehmen. Bis heute.

Unzufriedenheit mit der eigenen Figur – das kennen so viele von uns. Eine Zeit lang habe ich die vielen Frauen, mit denen ich in den letzten zwanzig Jahren gearbeitet habe – in Summe um die 100 000 – gefragt, wer von ihnen den Stress mit der eigenen Figur kennt. Dabei gingen 99,9 Prozent aller Hände nach oben. Inklusive meiner eigenen. Ich erinnere mich an mich als Mädchen, ich war vielleicht acht Jahre alt, als ich mit meiner Mama Hosen kaufen ging. Es gab nur Jeans, die ewig hochgekrempelt werden mussten, weil mein Bauch nicht in jene Größe passte, die meiner Beinlänge entsprach. Meine Reaktion war wie für viele Mädchen typisch, den Fehler bei mir selbst zu suchen: „Ich bin einfach zu dick." Statt festzustellen, dass die Jeans blöd geschnitten waren. Nicht für meinen Körper gemacht.

Dieses ganze Thema hat so viele Facetten. Vielleicht hast du dich nie zu dick gefühlt, stattdessen waberte die Kleidung um deinen zierlichen Körper herum. Oder es gibt einen Körperteil, den du total gut findest, und andere, die dich schon lange nerven. Die Nase ist zu groß. Die Haare sind zu struppig. Oder die Fingernägel komisch geformt.

Warum machen wir das mit? Warum um Himmels Willen sind wir sogar generationenübergreifend bereit, uns irgendeinem Schönheitsideal zu beugen? Wie kann es sein, dass Millionen Frauen und zunehmend auch Männer so unendlich kritisch mit sich selbst sind?

Und was hat das mit #gemeckerfrei zu tun?

Für mich ist der Körperkult unserer Gesellschaft *das* Medium, um den Fehler-Such-Mechanismus in uns zu kultivieren. Das Gefühl, nicht zu genügen. Nicht gut genug zu sein. Gründe zu finden, sich selbst zu kritisieren oder schlecht zu fühlen. Wir lieben uns mehr oder weniger – nur weil wir zwei Kilo mehr auf den Hüften haben? In Kleidergröße xy passen oder eben nicht? Oder einen Körperfettanteil von zwei Prozent über welchem Index auch immer haben?

Wirklich?

Wir machen das mit. Seit Jahrzehnten. Und willst du wissen warum? Ich bin davon überzeugt, dass wir süchtig sind nach dem Gefühl, uns selbst zu kritisieren. Hört sich crazy an, ich weiß – doch lass es mich erläutern.

Als Kinder haben wir vor allem dann viel Aufmerksamkeit von Eltern, Lehrern oder großen Geschwistern bekommen, wenn wir etwas falsch gemacht haben. Wir haben zu hören bekommen, dass wir nicht mit dreckigen Schuhen ins Haus laufen sollen. Aber welche Mama, welcher Papa hat uns genau so frenetisch gefeiert fürs Schuheausziehen, wie sie geschimpft haben, wenn wir eine Dreckspur hinterlassen haben? Das ist nur ein Beispiel, wähle gerne jedes beliebige andere. Im Ergebnis haben wir dadurch gelernt, dass es besser ist, negative Aufmerksamkeit zu bekommen statt gar keine. Denn unser inneres System differenziert nicht zwischen Lob und Tadel, es fragt nur danach, wie bedeutsam wir für andere Menschen sind. Und wenn sich jemand über uns aufregt, heißt das, wir sind wichtig, wir werden gesehen, sind verbunden mit einem anderen Menschen.

Je größer der vermeintliche Fehler, der uns unterlaufen ist, umso exklusiver die Aufmerksamkeit, die wir bekommen. Denk nur einmal an folgende Situation, die du vielleicht aus deinem heutigen Alltag kennst: Du verbringst Zeit mit deinem Kind, ihr sprecht miteinander – ganz entspannt und gelassen. Dann klingelt das Telefon. Du gehst ran und schenkst deine Aufmerksamkeit dem Anrufer. Somit gerät dein Kind aus dem Fokus. Anders verhalten wir uns, wenn das Kind vorher unsere roten Knöpfe gedrückt hatte. Wir sind in Rage, schimpfen, meckern, schreien vielleicht. Wenn dann das Telefon klingelt – würdest du immer noch abnehmen? Oder lässt du es klingeln und fokussierst dich weiter auf die Situation mit deinem Kind? Die meisten würden Letzteres tun – außer man erwartet einen superwichtigen Anruf.

Dein Kind beobachtet und lernt. Es lernt, dass es durch sein negatives Verhalten, das bei den Eltern Stress oder Ärger auslöst, ein Mehr an Zuwendung zu bekommt. Liebe durch Kritik.

Weil wir uns alle nach Liebe sehnen und quasi unersättlich sind, übernehmen wir diese Erfahrung und übertragen sie auf uns selbst. Wir transferieren das Muster auf die Art und Weise, wie wir selbst mit uns umgehen. Wir sind sozusagen süchtig nach Selbstkritik. Wir schenken uns selbst Aufmerksamkeit, indem wir uns kritisieren. Und erstaunlicherweise fühlen wir uns auf eine bestimmte Art gut dabei. Wir suchen immer und immer wieder den Fehler, kritisieren uns, um uns dann optimieren zu können. Denn das haben wir auch gelernt. Dass es einen vermeintlich richtigen Weg gibt, etwas zu tun. Es kursiert bis heute die Idee, dass wir Menschen durch Kritik besser werden. Und so leben ganz viele von uns in einem endlosen Hamsterrad der Selbstkritik und strampeln sich darin ab. Verbunden damit, dass wir meist sehr viel besser darin sind, das halb leere Glas zu sehen als das halb volle.

Anstatt uns also jeden Tag daran zu erfreuen, wie wunderbar unser Körper funktioniert, was er uns alles erleben lässt, kritisieren wir an uns herum. Wir wollen unbedingt besser werden. Dafür sind wir bereit, sehr viele Einschränkungen in Kauf zu nehmen.

Ich kenne das so gut von mir selbst: Es gibt kaum einen Ernährungstrend, den ich nicht ausprobiert habe. Um schlanker zu sein oder gesünder. Von der Ernährungslehre der Traditionellen Chinesischen Medizin über ketogene Ernährung, vegan bis tierisch-eiweiß-lastig, dieses Pülverchen oder jenes – die Liste meiner Selbstversuche ist schier endlos.

Was ich dabei gelernt habe und was all diese Erfahrungen gemeinsam haben: Es hat sich nichts verändert. Wenn ich ein paar Kilo abgenommen hatte, habe ich mir ein neues Gewichtsziel gesucht, das noch ambitionierter war. Statt mich daran zu erfreuen, dass ich drei Kilo abgenommen hatte, sollten es auf einmal sechs Kilo werden. Es dauerte nicht lange und ich fühlte mich mit den drei Kilo weniger nicht besser als zuvor mit drei Kilo mehr. Den Jo-Jo-Effekt kenne ich natürlich auch: drei Kilo runter, vier Kilo rauf. Wenn ich mich gesünder ernähren wollte, war es das Gleiche in Grün.

Unsere Sucht nach Selbstkritik lässt uns dem inneren Wohlgefühl hinterherlaufen wie der Hund der Wurst. Solange wir das nicht erkennen, verfolgen wir einen Trend nach dem anderen, immer auf der Suche nach diesem einen bestimmten Wohlgefühl, das wir sehnsuchtsvoll seit unserer Geburt zu erleben versuchen.

Genauso verhält es sich bei sogenannten Erziehungstipps. Jede von uns will die beste Mama für ihre Kinder sein. Will es gut machen. Oder zumindest nicht schlecht. Bei den Papas das Gleiche, wenn auch (bislang) in weniger ausgeprägter Form. Wir hinterfragen uns, kritisieren uns, suchen nach neuen Wegen. Immer das Ziel vor Augen, dass wir die besten Eltern für unsere Kinder sein müssen.

Ich selbst habe jahrelang jeden neuen Trend mitgemacht. Jeden Erziehungstipp angewendet. All diese Versuche hatten etwa eine Halbwertzeit von drei Wochen. Maximal. Nichts davon – egal wie gut der Tipp war – führte zu dauerhaften Veränderungen. Es war eher so, dass die Methoden oder Tools nach einer Weile einfach ausgelutscht waren. Ein paar Wochen funktionierten Wahlmöglichkeiten großartig, dann ließ die Wirkung nach und wir hatten dasselbe Geschrei beim Jackeanziehen. Oder statt Ärger beim Anziehen wurden es Kämpfe beim Ins-Bett-Gehen.

Was wir verstanden haben: Ganz gleichgültig, welche Methode wir anwenden – wir bleiben dieselben Menschen. Genau wie beim Essen: Eine Diät macht keinen natürlich schlanken Menschen aus uns. Weniger zu essen lässt uns nicht automatisch glauben, dass es leicht ist, schlank zu sein. Oder gesund. Bei Gesundheitsthemen lässt sich das ebenso beobachten. Es gibt quietschgesunde Kettenraucher und schwerkranke Ernährungsapostel.

Beim Elternsein ist es ebenso: Die großartigsten Therapeuten, Psychologen, Pädagogen haben es mit den eigenen Kindern oftmals richtig schwer.

Warum ist das so? Warum funktionieren Tools und Tipps nur marginal?

Weil wir uns selbst immer mitnehmen. Unsere Gedanken und Gefühle sind ausschlaggebend für unsere innere Haltung. Und diese innere Haltung funktioniert wie ein unbewusstes Navigationsgerät. Wenn wir es gewohnt sind, uns selbst zu kritisieren, werden wir das auch weiterhin tun – auf welchem Level auch immer. Wenn wir uns als Mama oder Papa minderwertig oder ungenügend fühlen, wird das auch weiterhin so sein – egal wie wir uns verhalten.

Unser gemeinsames Leben, das von Bernd und mir und unseren Kindern, wurde leicht, als wir diesen Punkt verstanden hatten. Dass es auf unsere innere Haltung ankommt. Denn heutige Kinder sind extrem feinfühlig. Das heißt, sie fühlen sehr genau, wie integer und authentisch wir sind. Wie es uns tatsächlich geht. Und sie reagieren viel mehr auf unseren inneren Zustand als auf die angewandten Methoden.

Genau wie natürlich schlanke Menschen essen können, was sie wollen, ohne merklich zu- oder abzunehmen, können #gemeckerfreie Menschen liebevoll und entspannt mit ihren Kindern sein, komme, was wolle.

Bernds Blick

Erziehung erinnert mich immer wieder an Jazz und meine Begegnung mit ihm. Als Kind hatte ich klassischen Klavierunterricht und lernte, nach Noten zu spielen. Viel mehr faszinierte mich jedoch die Improvisation und die Freiheit im Jazz, und ich dachte damals, dafür müsste man sicher auch weniger üben. Also begann ich zu improvisieren. Anfangs mehr schlecht als recht. Doch mit der Zeit und ein paar zusammengesuchten Tipps wurde etwas mehr daraus. Ich habe mein Gehör und mein Gefühl dabei gut geschult. Irgendwann versuchte ich dann,

Jazz zu „lernen“ – und es ging gar nichts mehr. Ich hatte meinen Flow verloren und gewann ihn erst wieder, als ich mich bemühte, alles zu vergessen, was ich vermeintlich „gelernt“ hatte.

Es gibt wahnsinnig virtuose Musiker, die dennoch keine Herzen erreichen. Weil ihr eigenes Herz verschlossen ist. Und es gibt Musiker, die technisch weitaus „schwächer“ sind, die Menschen jedoch mit jedem ihrer Töne tief in der Seele berühren.

So ist das auch im Leben mit Kindern: Wenn unsere innere Haltung stimmt, dann können wir mit unseren Kindern in einem gemeinsamen Flow ein wunderbares und endloses Musikstück improvisieren. Leicht, spontan und in tiefer Verbundenheit.

Wann auch bedürfnisorientiertes Elternsein zum Scheitern verurteilt ist

In den letzten zwanzig Jahren hat sich das Elternsein massiv verändert. Um die Jahrtausendwende galten Bernd und ich noch als die spinnerten Ökos, die ihr Baby im regenbogenbunten Tragetuch am Körper trugen und Familienbett und Stillen nach Bedarf praktizierten. Väter wochentags auf dem Spielplatz? Fehlanzeige, das gab es nicht. Bernd ist so oft angesprochen worden, wo denn die Mama sei und ob das Baby im Tuch nicht ersticken würde.

Heute ist davon vieles gesellschaftsfähig. Babytragen gibt es „in bequem“, Familienbetten kann man kaufen, Väter nehmen Elternzeit, Langzeitstillen findet in der Öffentlichkeit statt und vieles mehr.

Zurückzuführen ist das auf einen „Erziehungstrend“, der in den USA entwickelt und in den letzten Jahren auch hier immer beliebter wurde. Der Kinderarzt William Sears hat gemeinsam mit seiner Frau aufgrund eigener Erfahrungen mit einem bedürfnisvollen Kind das sogenannte „Attachment Parenting" entwickelt. Basierend auf der Lektüre von „Auf der Suche nach dem verlorenen Glück" von Jean Liedloff hat er Anfang der 1980er-Jahre begonnen, die damals geltenden Kriterien – Babys muss man schreien lassen, gefüttert wird nach der Uhr, Babys müssen alleine im eigenen Bettchen schlafen etc. – zu hinterfragen. Stattdessen machte er sich dafür stark, dass die Eltern die kindlichen Bedürfnisse mit Feinfühligkeit erspüren und bestmöglich erfüllen sollten.

Interessanterweise war auch für mich das Buch von Jean Liedloff der Gamechanger bzw. es nährte meine Motivation, bedürfnisorientiert mit unseren Kindern umzugehen. Insofern kann ich die Intention von Sears sehr gut nachempfinden.

Durch die Bücher von Nora Imlau und anderen wurde der AP-Ansatz auch in Deutschland populär – wenn auch zunächst nicht unter dem Namen Attachment Parenting. Aufgrund der religiösen Ausrichtung von Sears gab es immer auch Kritik an seinem Ansatz.[6] Ordnet man die bedürfnisorientierte Elternschaft historisch ein, lässt sich sehr schnell erkennen, wie bedeutsam dieser Ansatz im Hinblick auf das würdevolle Miteinander von großen und kleinen Menschen ist. Denn es geht nicht mehr einfach um „machen lassen" wie im antiautoritären Erziehungsstil, sondern um das feinfühlige Begleiten des Kindes und die Bereitschaft der Eltern zur möglichst umfassenden Erfüllung der kindlichen Bedürfnisse. Auch wenn das Ehepaar Sears selbst den Fokus auf die Bedürfnisse des Kindes durch den Aspekt der „Balance and Boundaries" (Balance und Grenzen) ergänzt, um klarzustellen, dass es ihnen nicht um Selbstaufopferung geht, litten und leiden besonders Mütter, die diesem Konzept folgen, häufig an Überforderung bis hin zum Mütter-Burnout.

6 Vgl.: www.nora-imlau.de/die-schwierigen-wurzeln-des-attachment-parenting/

Auch heute erleben wir unzählige Eltern, die an dieser Stelle verzweifeln. Sie scheitern daran, die Balance zu finden zwischen den kindlichen und ihren eigenen Bedürfnissen. Die Frage ist also, wie wir bedürfnisorientiert Grenzen setzen können? Wie gelingt das Zusammenleben so, dass die kindliche Seele keinen Schaden leidet und die Mütter nicht ausbrennen, die Väter nicht rummotzen, die Paarbeziehung stabil bleibt und Familie gelingt?

Die wenigsten Eltern wissen, wie unterschiedliche Bedürfnisse austariert werden können. Wir haben schlichtweg keine Idee, wie es funktionieren kann, gleichwürdig auf Augenhöhe miteinander zu leben. Denn auch in Freundschaften oder Paarbeziehungen gibt es häufig den einen Partner, der führt, und den anderen, der eher folgt. Manchmal ist das auch themenspezifisch unterschiedlich. Beziehungen unter Erwachsenen ermöglichen jedoch immer das zumindest zeitweilige Auseinandergehen. Wenn wir merken, dass wir als Paar gerade nicht zusammenkommen und uns nah sein können, gehen wir ein wenig auf Distanz. Im Alltag mit Kindern ist das jedoch nicht möglich. Und wir sind gefordert, Lösungen zu finden, die für alle passend sind. Das erscheint vielen Eltern – insbesondere Müttern – wie die Quadratur des Kreises. Um das Problem aufzudröseln, nehmen sie sich immer wieder selbst zurück, stellen ihre eigenen Bedürfnisse hintan. Bis zu dem Moment, in dem der Akku so leer ist, dass sie sich mit Gemecker, Geschrei oder Ähnlichem irgendwie aus der Misere ziehen wollen und letztlich so reagieren, wie sie nie – nie! – agieren wollten. Ich kenne das von mir so, so gut. Mein Geduldsfaden war ewig, nur wenn er dann einmal gerissen war – dann holla die Waldfee.

Gleichwürdige Beziehungen, wie Jesper Juul sie proklamiert, sind ein großartiges Ziel. Die Feinfühligkeit für und das intuitive Erfüllen der kindlichen Bedürfnisse ist wundervoll. Insofern teilen wir die Ziele dieses Ansatzes. Allerdings haben wir bei uns selbst und auch bei unzähligen unserer Teilnehmer lernen dürfen, dass wir nur so liebevoll mit unseren Kindern sein können, so achtsam, feinfühlig und zugewandt wir mit uns selbst sein können.

Denn: Wir bringen als Eltern uns und unsere Geschichte mit. Immer.

Vielleicht ist es für dich als LeserIn hilfreich zu erfahren, welche Eltern sich für das bedürfnisorientierte Elternsein entscheiden. Zum einen sind dies Eltern und insbesondere Mütter, die es besonders gut machen wollen. Es sind bis heute meistens die Mütter, die nach neuen Wegen suchen, wie sie es immer noch besser hinkriegen können – das Elternsein. Mütter, die sehr gut informiert sind, die sich sehr intensiv mit ihrer Rolle auseinandersetzen und diese möglichst perfekt ausfüllen wollen. Menschen, die den gesellschaftlichen Leistungsdruck und den Wunsch nach Perfektion aus anderen Lebensbereichen auf das Elternsein übertragen. Zum anderen sind es Mütter und mitunter Väter, die es besser machen wollen als die eigenen Eltern. Die den innigen Wunsch verspüren, dass sich das eigene Kind geliebter fühlt, als sie selbst sich gefühlt haben. Diese Mütter und auch die Väter haben den Wunsch, dem Kind die Welt zu Füßen zu legen und ihm womöglich selbst erlebtes Leid zu ersparen.

Beide Herangehensweisen haben etwas gemeinsam: Sie entstehen aus dem Gefühl des Mangels. Der Wunsch nach Perfektion entspringt der Angst vor Versagen. Leistungsdruck ist die Folge davon, dass wir selbst als Kinder angefangen haben zu glauben, dass wir liebenswerter sind, wenn wir gute Noten schreiben, unser Zimmer aufräumen, zu Hause helfen. Viele von uns rackern sich ein Leben lang ab, immer auf der Suche nach Wertschätzung oder Bestätigung. Immer in der Angst, Fehler zu machen und mit Liebesentzug bestraft zu werden. Wir trainieren das so intensiv, dass wir diese kritisierende Instanz fest in uns etablieren – was dazu führt, dass wir uns selbst zu immer weiteren Höchstleistungen antreiben, um ja perfekt zu sein, den Kampf um Liebe zu gewinnen …

Der Wunsch, es besser zu machen als die eigenen Eltern, entspringt einem erlebten Mangel an Liebe. Ich will, dass sich mein Kind geliebter fühlt, als ich mich selbst als Kind gefühlt habe. Oder ich wünsche mir, dass mein Kind glücklicher wird, dass es es leichter hat, dass es sich weniger kritisiert fühlt. Wenn ich diese Ziele habe, dann entsteht dieser Wunsch in mir, ausgehend von meinem selbst erlebten Mangel. Er entsteht aufgrund eigener nicht erfüllter Bedürfnisse. Weil ich mich nicht so geliebt gefühlt habe, wie ich es gebraucht hätte, wie ich fühle, dass es „richtig" wäre.[7] Der Grundgedanke – und damit das Grundgefühl – ist erfüllt von Sorgen, Ängsten und Ähnlichem. Es besser machen wollen, weil es früher schlechter war. Das jedoch kann niemals auf Dauer funktionieren. Denn wir Menschen verfügen über ein Bewusstsein und ein Unterbewusstsein. Dabei kannst du dir das Bewusstsein wie ein Ruderboot vorstellen, das mit einem dicken Tau mit einem U-Boot – dem Unterbewusstsein – verbunden ist. Fährt das U-Boot nach Westen, folgt das Ruderboot ihm automatisch nach. Ganz gleichgültig, wie sehr du dagegen anruderst. Das U-Boot bestimmt den Kurs. Der Wunsch, es besser zu machen, sitzt im Ruderboot, die Erfahrung von fehlender Liebe im U-Boot. Für unser Leben bedeutet das, dass wir unbewusst von unserem Unterbewusstsein – also unserem erlebten Mangel an Liebe – gesteuert werden. Besonders in den Momenten, in denen wir emotional herausgefordert sind, wenn unsere Kinder zum Beispiel die sprichwörtlichen roten Knöpfe drücken.

Vielleicht kennst du das Sprichwort: Gleiches zieht Gleiches an. Mangel zieht Mangel an.

Dahinter verbirgt sich das Gesetz der Anziehung, auf das wir im Verlauf des Buches noch zu sprechen kommen. Bestimmt hast du das selbst schon mal erlebt: Du hattest als SchülerIn deine Hausaufgaben vergessen und saßt voller Sorge, entdeckt zu

7 Hüther, Gerald: Würde, München, 2019.

werden, im Unterricht. Kaum begann die Stunde, wurdest du aufgerufen und nach den Hausaufgaben gefragt. Rückblickend weiß ich, dass ich in so einem Moment quasi ein rotes Blinklicht auf dem Kopf hatte. Je mehr Angst ich hatte aufzufliegen, um so heller blinkte dieses Licht und machte den Lehrer auf mich aufmerksam.

Es geht bei diesem Phänomen um die zugrunde liegende Emotion. Denn ich kann auch meine Hausaufgaben vergessen und völlig entspannt und cool damit sein. Höchstwahrscheinlich wird der Lehrer mich nicht aufrufen. Oder ich habe so viel Angst und so ein schlechtes Gewissen, dass ich damit seine Aufmerksamkeit auf mich ziehe. Viele Eltern, die bedürfnisorientiertes Elternsein (BO) leben, strengen sich so unglaublich an, alles für ihre Kinder zu tun, und baden dabei sich selbst und dadurch auch die Kinder permanent oder immer wieder in Mangelenergie.

Sie erfüllen zwar alle Bedürfnisse ihrer Kinder, tun dies jedoch oft aus einer Energie heraus, die signalisiert, „ich opfere mich auf“, oder aus der Sorge heraus, „es ist nie genug“, oder aus der Überforderung heraus, „wenn man den Kids den kleinen Finger reicht, wollen sie die ganze Hand“. Diese Eltern sorgen schlecht für sich selbst, und ihr Handeln ist sehr häufig begleitet von einem schlechten Gewissen – wieder eine negative Emotion. Im Laufe der Zeit hat sich durch diese Verhaltensmuster so viel Mangel angestaut, dass es zu einer absoluten Schieflage kommt und Streit und Gemecker an der Tagesordnung sind.

Die Lösung ist nicht, dass die Mütter anfangen, besser für sich zu sorgen, und ihre Kinder „wegbeißen“. Es geht auch nicht darum, dass die Kinder lernen müssen, dass ihre Bedürfnisse nicht wichtig sind.

Es geht vielmehr darum, dass wir anfangen, unseren „Fülle-Muskel“ zu trainieren. Dass wir aufhören zu glauben, dass es irgendeinen Mangel an irgendwas im Leben geben könnte. Dass wir stattdessen unser Herz für uns selbst und für unsere Kinder öffnen.

Würden wir uns in uns und mit uns gut fühlen und könnten wir glauben, dass wir die beste Mama, der beste Papa für unsere Kinder sind, dann würden wir uns überhaupt nicht so viele Gedanken machen. Wir würden intuitiv wissen, wie wir reagieren sollten. So würde das Erfüllen der jeweiligen Bedürfnisse ganz automatisch erfolgen, und zwar so, wie es im jeweiligen Moment für alle Beteiligten am besten passt.

Das ist ein bisschen wie beim Joggen: Solange du denkst, du kannst es nicht oder du müsstest schneller oder weiter laufen, ist Joggen schrecklich anstrengend. Du mühst dich ab, kritisierst dich, überforderst dich. Sobald du aber sicher bist, dass du ein großartiger Läufer bist, kannst du ganz intuitiv mal schneller, mal langsamer laufen – gerade so, wie es für den Moment und zu deiner Verfassung passt.

Wenn wir Eltern werden und uns selbst mit unserer Geschichte mitbringen, brauchen wir viel weniger Wissen darum, wie wir am besten mit unserem Kind umgehen, als Wissen darüber, wie wir mit uns selbst umgehen. Wie wir selbst unsere eigenen Wunden heilen, wie wir Frieden schließen können mit unserer Vergangenheit. Wie wir glauben können, dass wir das Elternsein genauso intuitiv hinbekommen können, wie auch unser Baby von selbst im Bauch immer größer wurde. Sobald wir dieses Feingefühl für uns selbst entwickeln, wenn wir merken, wann wir aus einer Fülle oder einem Mangel heraus agieren, wenn wir realisieren, was uns gerade antreibt, welche alten Muster gerade aktiv sind – sobald wir das entwickelt haben, können wir unsere Kinder bedürfnisorientiert begleiten. Und das Schöne daran ist, dass es sich überhaupt nicht so anfühlen wird. Denn du wirst deinem Kind intuitiv genau die Begleitung sein, die es gerade braucht. Zudem ist es völlig gleichgültig, ob dieser Ansatz einen eigenen Namen hat oder nicht.

Bernds Blick

Ich hatte schon immer ein Idealbild des „perfekten Vaters“ vor Augen, das ich unbedingt verkörpern wollte. Und an meiner Seite hatte ich Uli, die schon immer die gelassenste Mama war, die ich je erlebt habe. Ich fühlte mich unterlegen und nicht gut genug in meiner Vaterrolle. Und ich versteckte dies häufig hinter Wut und Rechtfertigung. Doch in Wahrheit verurteilte ich mich damit nur selbst. Erst als ich gelernt hatte, wie ich auf mich selbst schauen kann, wie ich besser für mich sorgen kann, begann ich eine Ahnung davon zu bekommen, wie leicht das Leben sein kann. Wie schön, innig und ineinander verliebt wir als Familie sein können. Und das Schönste ist: Ich kann heute sehen, wie unsere Kinder beginnen, ihr eigenes Leben zu leben – ohne den Umweg über die Falle eines Mangelbewusstseins gehen zu müssen.

2. Wie wir #gemeckerfrei wurden

Geplatzte Träume

Als wir Anfang dreißig waren, erlebte ich meine erste Krise. Auf einmal registrierte ich, dass es Ereignisse in meinem Leben gab, die sich nicht mehr wiederholen ließen. Wir hatten uns den Wunsch nach vier Kindern erfüllt, alle waren auf der Welt, gesund und unser Glück. Einerseits. Andererseits bedeutet dies eben auch, nie wieder schwanger zu sein. Keine Geburt mehr. Kein kleiner Säugling mehr, den ich an meiner Brust saugend liebevoll beobachten konnte. Ich verstand oder realisierte, dass Entscheidungen, die wir getroffen hatten, andere Dinge automatisch ausgeschlossen haben. Dass zu leben immer bedeutet, eine Wahl zu treffen und sich damit bewusst oder unbewusst gegen andere Erfahrungen zu entscheiden. Ich hatte das erste Mal ein Gefühl von Abschied. Ich wusste, dass eine Lebensphase zu Ende gehen würde und dass dies bedeutete, Dinge zum letzten Mal zu erleben. Zum letzten Mal Tragetuch, das letzte Mal einem Kind das Fahrradfahren beibringen – so viele letzte Male. Am liebsten wollte ich alles konservieren, mit allen Sinnen genießen, in mir aufsaugen.

Und gleichzeitig war da der Alltag, unser tägliches Leben mit den Kindern, der all unsere Kraftreserven benötigte. Denn wir waren sehr damit beschäftigt, uns unser Leben zu erschaffen. Wir machten alles auf einmal. Parallel zu unserer Familie bauten wir uns unsere beruflichen Standbeine auf. Wir galten für viele als verrückt: die Studentin und der Musiker und dann später die Doppelselbstständigen mit vier Kindern. Bernd als Musiker und Inhaber einer Musikschule. Ich studierte und leitete Elternkurse und baute dann ein Fortbildungsinstitut für Erzieherinnen und pädagogische Fachkräfte auf. Wir wollten unbedingt mit der Tradition brechen, dass die Frau die Kinder versorgt und der Mann das Geld verdient. Wir wollten beide aktiv Eltern sein und uns gleichzeitig beruflich verwirklichen. So waren wir ständig gefordert, neu zu verhandeln, wer wann und wie viel arbeitet, wann die Kinder versorgt werden, wer was im Haushalt erledigt.

Unsere Familie war und ist unser gemeinsames Langzeitprojekt. Alles ist eins. Unsere Arbeit ist unsere Berufung, da fließt unser Herzblut hinein. Wir arbeiten gemeinsam um unsere Kinder herum, das heißt, wir machen es in 99 von 100 Fällen möglich, dass einer von uns Zeit für die Belange der Kids hat. Wir haben so viel gelernt auf dieser Reise: zum Beispiel, dass vielleicht Aliens in der Lage sind, sich um vier kleine Kinder zu kümmern und parallel den Haushalt zu rocken – wir sind es jedenfalls nicht. Also haben wir festgelegt, dass derjenige, der im Kinderdienst ist, eben nicht auch noch den Auftrag hat, die Wäsche zu waschen, zu saugen oder aufzuräumen. Wir verstanden die Kinderbetreuung genauso als Vollzeitjob wie unsere beruflichen Tätigkeiten zum Geldverdienen. Alleine diese Erkenntnis nutzen Tausende unserer Teilnehmerinnen und Teilnehmer, um sich den Alltag mit ihren Kindern zu erleichtern. So simpel und gleichzeitig von solcher Tragweite.

Eine weitere wichtige Errungenschaft war, dass wir uns sehr früh Hilfe für den Haushalt holten. Denn die blödesten Streits entstanden inmitten von Wäschebergen. Vier Kinder – zwei davon im Waldkindergarten – erzeugten einfach eine Menge Dreckwäsche. Wir beschlossen, lieber nicht in den Urlaub zu fahren und stattdessen ab und an eine Putzfrau zu bezahlen. Wenn wir damit einen entspannteren Alltag haben könnten, wäre das in jedem Fall die Sache wert. Denn eines hatten wir sehr schnell bemerkt: Je gestresster wir, Bernd und ich, von unserem Leben waren, umso schwieriger wurde es mit den Kindern.

Und es gab nicht nur den offensichtlichen Stress. Da waren ja auch die unbewussten Erwartungen, die eigenen Glaubensmuster, die zu Anspannung und Streit führten. Unterschiedliche Ansichten, ob schmutziges Geschirr in der Spüle stehen darf oder nur daneben. Wie oft man den Müll rausbringt, ob Pünktlichkeit bedeutet, fünf Minuten vor der Zeit fertig zu sein oder fünf Minuten danach. Das sind alles keine großen Themen, natürlich nicht. Dennoch sind sie groß genug, um unterbewusst kleine Anspannungen oder Irritationen zu erzeugen. Und unsere Kinder, insbesondere unsere Tochter, waren und sind extrem feinfühlig in Bezug auf unterschwelligen Stress. Dadurch, dass wir immer und immer wieder hinterfragten, warum und in welchen Situationen sie explodierte, was ihre Ausraster verursachte, sind wir irgendwann darauf gekommen: Sie flippte immer dann aus, wenn einer von uns innerlich angestrengt oder irritiert war. Wenn unsere Kommunikation nicht kongruent war. Wenn also das, was wir sagten, nicht mit dem übereinstimmte, was wir fühlten.

Wir alle sollten immer mal wieder eine kurze Pause machen und unseren Alltag reflektieren. Kennst du es auch, dass du Dinge einfach schluckst? Dass du merkst, der andere ist gestresst und du duckst dich weg oder es fehlen einfach die Worte dafür, es anzusprechen? Gibt es Momente in deinem Leben, in denen die Liebe zwischen dir und deinem Partner nicht frei fließt? Beobachte in solchen Momenten mal, wie deine Kinder sich verhalten. Reagieren sie vielleicht genau darauf?

Als wir erkannt hatten, dass unsere innere Anspannung, unsere unterschiedlichen Vorstellungen oder auch eigene Unsicherheiten der Auslöser für viele Wutanfälle oder Ausraster unserer Kinder waren, war es dennoch nicht einfach, etwas zu verändern. Denn gefühlt wurden wir täglich mit immer neuen Herausforderungen konfrontiert. Ich erinnere mich an eine Situation – Kind drei war klein und unser Alltag mehr oder minder chaotisch – als Bernd mich fragte, wann ich denn jetzt auch mal Geld verdienen wolle. Der versteckte Vorwurf war so gar nicht seine Art und bis heute erinnert er sich nicht gerne an dieses Gespräch. Aber er hatte so recht! Denn wir hatten ja vereinbart, dass wir beide uns um die Kinder und ums Geldverdienen kümmern wollten. Damals jedoch lastete die gesamte finanzielle Verantwortung allein auf ihm und meine Versuche, einen Beitrag zu leisten, scheiterten kläglich. Im ersten Moment stresste mich Bernds Nachfrage extrem. Aber im Endeffekt führte es dazu, dass ich meinen Hintern hochbekam und, statt mich hinter Kindern und Haushalt zu verstecken, ein Fortbildungsinstitut aufbaute. Bis heute bin ich sehr dankbar für diesen Pikser. Für uns bewährt es sich immer wieder, unangenehme Wahrheiten auszusprechen. Sie bringen uns weiter und in Folge entsteht so viel Gutes.

Einige Jahre funktionierte unsere Aufteilung sehr gut. Ich gab Fortbildungen für pädagogische Fachkräfte in unserem eigenen Seminarraum oder in Kitas in der näheren Umgebung. Wenn ich mit der Arbeit fertig war, begann Bernd mit dem Musikunterricht. Am Wochenende hatte er zudem selbst Auftritte als Musiker. Die Aufteilung war optimal für uns. Denn durch dieses Konstrukt waren wir in der Lage, Berufstätigkeit und Familie für uns beide zu kombinieren. Allerdings wurden meine Termine im Lauf der Zeit mehr und es wurde immer anstrengender. Irgendwann hatte sich der Spieß gedreht und ich war diejenige, die immer ausgebucht war. Von Montag bis Freitag unterwegs in Kitas oder dem größeren Seminarraum, den wir tageweise angemietet hatten. Oftmals war ich auch über Nacht weg. Ich habe bis heute die Frage unseres jüngsten Sohns im Ohr, der mich morgens fragte, ob ich mittags, wenn er nach Hause kommt, da sei. Eine Frage, die ich oft verneinen musste. Klar war der Papa da und würde sich um die Kinder kümmern. Aber mein Herz schmerzte dennoch. Außerdem hatte Bernd auf einmal mehr als fünfzig Prozent Kinderdienst.

Es ist ein Leichtes zu sagen, dass man sich Haushalt, Kinder und Berufstätigkeit aufteilt. Es dann tatsächlich auch zu leben und auszuhalten, dass die Frau mehr zum Haushaltseinkommen beiträgt, ist eine ganz andere Nummer. Das hat Bernd und damit uns wirklich zu schaffen gemacht. „Wann ist ein Mann ein Mann?“, singt Herbert Grönemeyer, und genau das ist die Frage: Was ist es wert, sich als Papa um die Kinder zu kümmern? Was bedeutet die Gleichberechtigung von Frauen für die Männer? Frauen sind besser im Haushalt, Frauen sind besser bei der Kinderbetreuung und jetzt sind sie auch noch besser beim Geldverdienen? Eine Frau, die viel arbeitet, gilt als emanzipiert. Ein Mann, der sich zu Hause um die Kinder kümmert, gilt als Weichei.

In der Literatur findet man mittlerweile zahlreiche Belege dafür, was es mit Männern macht, wenn ihre Rolle als Haupternährer wegfällt. Ingrid Müller-Münch hat sich in ihrem Werk mit dem bezeichnenden Titel „Sprengsatz unterm Küchentisch: Wenn die Frau das Geld verdient“ genau mit diesem Phänomen auseinandergesetzt. Sie beschreibt exakt das, was wir erlebt haben – nämlich dieses Minderwertigkeitsgefühl des Mannes, wenn sich das klassische Rollenmodell umkehrt. Besonders wenn Kinder im Spiel sind. Dass ein Mann weniger verdient als seine Frau, ist für die Mehrzahl der Menschen schwer zu akzeptieren. Nur 43 Prozent der Frauen und 37 Prozent der Männer können sich eine solche Konstellation für sich vorstellen, so das Fazit der Vorwerk-Familienstudie von 2018[8]. Uns hat diese Skepsis kalt erwischt. Niemals hätten wir gedacht, dass die klassische Rollenverteilung so tief in uns verankert ist. Und gleichzeitig erleben wir auch heute noch bei ganz vielen Teilnehmern, dass Paare sich vergleichen. Wer macht wie viel? Wer leistet mehr? Wer weniger? Wer bekommt wie viel Anerkennung für welche Tätigkeiten? Unser aller Leben wäre so viel leichter, wenn es uns gelingen würde, als Eltern ein Team zu sein. In allen Bereichen wirklich gemeinsam an einem Strang zu ziehen.

8 www.faz.net/aktuell/gesellschaft/familie/wenn-frauen-mehr-verdienen-was-bleibt-von-mir-als-mann-12769463.html?printPagedArticle=truepageIndex_2

Das wissen wir heute. Damals jedoch wurde es erst mal immer schwieriger, über all das zu sprechen. Das Eis, auf dem wir uns bewegten, wurde dünner. Also habe ich in dieser Phase all meinen Mut zusammengenommen und Bernd gefragt, was denn seine Träume sind. Was er noch erreichen will. Das war mein Pendant zu seiner Frage ein paar Jahre zuvor, wann ich denn Geld verdienen wolle. Bernds Antwort hat mir zunächst regelrecht den Boden unter den Füßen weggezogen. Denn er sagte, dass er schon längst aufgehört hätte zu träumen. Meine Welt brach zusammen. Denn Träume und Visionen – das war das, was mir heilig war. Die Idee, die Welt für Kinder schöner zu machen, war mein ständiger Antrieb. Diese Vision hat mich jeden Tag aufstehen und weitermachen lassen. Zu erfahren, dass Bernd aufgehört hatte zu träumen und eine große Vision zu haben – obwohl wir früher Meister darin waren, Visionen zu entwickeln –, hat mich tief getroffen und erschüttert. Gleichzeitig war ich in dem Moment auch froh, dass der Knoten geplatzt war. Es war der Beginn einer Veränderung. Denn ein ehrlicher Blick auf das, was ist, ist die Voraussetzung, um Dinge verändern zu können. Erst wenn uns bewusst geworden ist, dass die aktuelle Situation uns nicht guttut und nicht so ist, wie wir sie uns wünschen, können wir wirklich etwas verändern. Solange wir uns einreden, dass alles ganz gut oder okay ist, verharren wir im Status quo.

Von diesem Abend an begann ich nach Wegen und Möglichkeiten zu suchen, wie Bernd seine Träume wiederfinden könnte. Und irgendwann hatte ich eine Idee. Ein Coach, dessen Podcast ich hörte und der mich sehr inspirierte, hatte ein Seminar zum Thema Ziele und Visionen im Angebot. Der könnte passend sein für Bernd. Aber wie sollte ich den Vorschlag so vorbringen, dass er nicht übergriffig wirkte, dass Bernd sich nicht angegriffen fühlte? Einige Wochen wartete ich auf den richtigen Moment, einen Weg zu finden, dieses Gespräch zu führen. Meist ist es so, dass wir unsere wirklich wichtigen Gespräche in unspektakulären Alltagssituationen führen. So auch dieses Mal. An einem der wenigen Tage, an denen ich unter der Woche zu Hause war, stand ich morgens unter der Dusche. Die Kinder waren in der Kita und Schule. Ich nahm all meinen Mut zusammen und entschied, dass jetzt der passende Moment war. Also erzählte ich Bernd von meiner Idee. Und siehe da, zu meiner großen Erleichterung stimmte er zu. Er meldete sich zu dem Workshop an, und diese Entscheidung war einer der großen lebensverändernden Momente in unserem Leben. Denn die Tür für Träume und Visionen wurde wieder aufgestoßen. Viel später im Laufe unserer persönlichen Weiterentwicklung fand ich die Erklärung dafür, warum träumen zu können so unendlich wesentlich ist: Träumen zu können bedeutet Entwicklung und Wachstum. Nicht zu träumen und still zu stehen, auf dem Fleck verharren, bedeutet weniger zu werden, bedeutet Regression. Wir alle haben immer zwei mögliche Entwicklungsrichtungen: Wir können innerlich wachsen oder schrumpfen. Menschen verfolgen entweder große Ziele oder sie kreieren große Probleme. Wenn ein Partner nicht mehr träumt, wird das Leben schwer, es verliert seine Leichtigkeit und lässt Probleme entstehen.

Bernds Blick

Ich wollte immer ein moderner, fortschrittlicher Papa sein, ganz bestimmt kein Feierabend-Vater. Ich wollte für meine Kinder da sein und dies gleich in mehrfacher Hinsicht: als Bezugsperson, als Ansprechpartner, als Vorbild. In meiner eigenen Kindheit hatte ich etwas anderes erlebt. Uli und ich haben in dieser Hinsicht gut zusammengepasst. Für sie war klar, dass Väter – außer Stillen – alles genauso können wie Mütter. Und ich wollte genau das. Ich wollte Windeln wechseln, Kinder in den Schlaf begleiten, abgepumpte Milch mit dem Löffel einflößen – okay, das war jetzt nicht der Burner ... Ich genoss es, mich als aktiven Vater zu erleben, fühlte mich in meiner Rolle als fortschrittlicher Papa sehr wohl und war gleichzeitig verwundert, dass in unserem Umfeld in den meisten Fällen eher das traditionelle Rollenmodell gelebt wurde. Ich war immer der einzige Vater auf dem Spielplatz. Oder der einzige Vater, der mit seinen vier Kindern den Einkauf erledigte. Der die Elterngespräche in der Kita und in der Schule wahrnahm, der als Begleitperson mit der Schulklasse auf Klassenfahrt ging etc. Ich verstand mich ein wenig als alternativer Vordenker für andere Väter. Als Uli immer ausgebuchter wurde und ich einen Großteil der Kinderbetreuung übernahm, war ich selbst überrascht, wie sehr mich das anstrengte. Tief im Unterbewusstsein trieben gesellschaftlich übernommene Glaubenssätze in mir ihr Unwesen: Der Mann ist der Ernährer der Familie, andernfalls ist er ein Loser. Ich hätte mir eher die Zunge abgebissen, als mir eingestanden, solche Glaubenssätze in mir zu tragen. Und niemals – niemals – hätte ich vor anderen geäußert, welche überkommenen Wertvorstellungen offenbar in mir herrschten. Und wie mich diese Erkenntnis beutelte und belastete. Notgedrungen musste ich also mein Selbstwertgefühl an anderer Stelle füttern. Ich *musste* mich als Papa gut fühlen. Ich musste mir selbst Anerkennung zusprechen dafür, dass ich die Kinder versorgte. Zwei Kinder zum Bus schicken, eines zur alternativen Schule fahren, das andere in den Waldkindergarten bringen. Das bedeutete, jeden Morgen und jeden Mittag eine knappe Stunde im Auto zu verbringen. Die Zeit dazwischen nutzte ich, um mein Business voranzubringen. Dann schnell Essen kochen, die Kinder abholen und den Nachmittag mit Hausaufgaben, Hobbys und Co. zu wuppen. Wie alle anderen – hauptsächlich Mamas – eben auch. Ich wollte mich dafür anerkennen – obwohl ich außerhalb unserer vier Wände belächelt wurde. Ich wollte mich anerkennen und das, was ich tat, wertschätzen, obwohl es mir schwerfiel auszuhalten, dass Uli mehr Geld für uns verdiente als ich. Und es war crazy. Ein Teil in mir fand das Leben, das wir lebten, supergut. Und der andere Teil litt unter Minderwertigkeitskomplexen. Schritt für Schritt habe ich diesen Konflikt überwunden und den Shift geschafft, mich selbst anerkennen zu können. Und dann war es auch kein Problem mehr, wenn ich der einzige Papa auf dem Spielplatz war und andere Leute mich innerlich belächelt haben.

Auch aus meiner Sicht war unser Gespräch über geplatzte Träume ein wichtiger Meilenstein, eine Trendwende. Denn damals fing ich an, die Leere in mir zu fühlen, die durch die fehlenden Träume ausgelöst wurde. Und ich begann nach Lösungen zu suchen. Da kam das Seminar, das Uli mir vorschlug, gerade recht.

Als Eltern ein Paar bleiben und gemeinsam weitergehen

In unserer Arbeit mit Müttern und Paaren erleben wir immer wieder, wie herausfordernd dieser Aspekt für viele Paare ist: Wie können wir als Paar Eltern werden und als Eltern ein Paar bleiben? Wie kann es gelingen, dass man sich zwischen Windeln und Kinderkrankheiten nicht verliert – auch einfach deswegen, weil so wenig Zeit füreinander bleibt? Und was bleibt, wenn die Kinder gehen und das Nest leer wird? Für Bernd und mich war unsere Paarbeziehung unglaublich wichtig und wir haben von Anfang an viel Zeit dafür aufgewendet und einige grundsätzliche Entscheidungen getroffen. Und es ist uns gelungen, in den Momenten, in denen es hart auf hart kam, gemeinsam weiterzugehen. All das hat dazu geführt, dass wir heute mit jedem Tag noch verliebter sind. Wie wir dahin gekommen sind und was uns auf dem Weg geholfen hat, wollen wir im Folgenden mit dir teilen – in der Hoffnung, dass du für dich die eine oder andere Idee mitnehmen kannst.

Bernd und ich kennen uns aus der Schule und sind seit der zwölften Klasse ein Paar. Unsere gemeinsame Geschichte begann im Schulchor mit weichen Knien und Schmetterlingen im Bauch. Einige Wochen später waren wir zusammen. Für mich fühlte es sich damals an, als hätte ich meine zweite Hälfte getroffen, meinen Seelenverwandten, den Menschen, der mich vollständig werden ließ. Irgendwie war sehr schnell klar, das ist ernst. Sehr ernst. Nach dem Abi zogen wir zusammen in ein uraltes Bauernhäuschen ohne Heizung und sonstigen Luxus. Wir haben damals begonnen, unser beider Welten zu einer zu machen. Umweltbewusstsein war uns wichtig. Gesundheit. Alternative Ansätze in allen Lebensbereichen. Essen aus dem Bioladen, Möbel aus dem alternativen Öko-Möbelhaus, vegan leben, als noch kaum jemand wusste, wie man das schreibt, Kügelchen oder Kräuter für jedes Wehwehchen.

Wir wollten vieles anders machen, besser, als wir es davor kannten. Auch das mit uns. Wie wir Beziehung definieren und leben. Denn wir hatten beide die Erfahrung gemacht, dass die Ehen unserer Eltern nicht so glücklich waren, wie wir es uns für uns selbst wünschten. Also machten wir Dinge bewusst anders. Unausgesprochener Streit war ein No-go. Wir stellten die Regel auf, dass wir niemals auseinandergehen wollten, ohne uns zu versöhnen. Lieber einmal zu oft nachgeben, als länger Zoff haben. Für uns war dies der Beginn unseres bis heute gültigen Grundsatzes: Unsere Beziehung ist das Wichtigste überhaupt. Kein Thema – Haushalt, Arbeit, Kinder, Finanzen – ist es wert, dass wir uns als Paar infrage stellen. Wir legten fest, dass wir über alles sprechen wollten. Und dass wir Lösungen finden würden, die für uns beide passend sind. Und wenn es eine Weile dauern würde, diese Lösung zu finden, dann würde es eben dauern. Niemals würden wir miteinander sprachlos werden. Niemals würden wir den Faden zwischen uns abreißen lassen. An dieser Stelle auch ein Herzensdank an unsere Eltern, die uns immer wieder inspiriert haben.

Als wir nach unserem ersten durchfrorenen Winter in unserem Bauernhäuschen fürs Studium umgezogen waren, kamen wir relativ schnell an den Punkt, uns für gemeinsame Kinder zu entscheiden. Im Flur unserer Wohnung zwischen Einkaufskörben und Schuhen versprachen wir uns gegenseitig, dass wir das Projekt Familie gemeinsam meistern wollten. Dass wir als Paar Eltern werden und dabei ein Paar bleiben würden. Wir gaben uns das Wort, dass wir jede Schwierigkeit lösen, dass wir im Gespräch bleiben und als Paar gemeinsam alt werden würden. Für mich war dieser Moment unser „Eheversprechen“ und er ist für uns beide bis heute wesentlich bedeutsamer als unser Hochzeitstag. Ich erzähle dir davon, weil wir der festen Überzeugung sind, dass ein solches Versprechen eine irrsinnige Erleichterung für ein Paar darstellt. Denn unser „Wir“ war und ist unser Fixstern. Natürlich haben wir auch gestritten, wir haben auch mal gezetert, dass der eine auszieht oder der andere verschwinden soll. Aber selbst diese Situationen waren nie bedrohlich. Denn wir hatten uns ja unser Wort gegeben. Ein Scheitern als Paar war keine Option. Das bedeutete in der Konsequenz aber eben auch, dass wir beide die Bereitschaft hatten und haben, an unserer Beziehung zu arbeiten. Uns immer und immer wieder gemeinsam weiterzuentwickeln.

Wir machten die Erfahrung, dass unsere Beziehung mehr ist als die Summe ihrer Teile. Unsere Beziehung sind nicht nur Bernd und ich. Es ist die Magie, die durch unser Zusammensein entsteht. Es ist so viel mehr als er und ich. Und dieses etwas, das wir Beziehung nennen, das will gepflegt werden. Das ist ein zartes Pflänzchen, das gehegt werden will. Ein Strauch, der geschnitten werden muss, um weitergedeihen zu können. Und deshalb bedarf es der Bereitschaft, die eigene Beziehung zum Thema zu machen. Gemeinsam darüber sprechen zu können.

Was fühlt sich gut an. Was weniger. Und dies in allen Lebensbereichen.

Wir betrachten es als unsere gemeinsame Aufgabe, immer wieder abzugleichen, ob unser Alltag für uns beide passend ist. Als wir zwei kleine Kinder hatten, erzählte ich einer Freundin davon, dass Bernd und ich regelmäßig – also alle paar Wochen – nächtelang über uns als Paar sprachen. Dass wir reflektierten, ob jeder von uns glücklich ist. Sie reagierte sehr erstaunt darüber. Und ich begann zu erkennen, dass unsere intensive Auseinandersetzung mit uns selbst unter Umständen etwas Besonderes sein könnte.

Wir haben deshalb in unserer Arbeit mit Familien einen Ansatz entwickelt, der aufzeigt, dass die Paarbeziehung eine der drei Säulen für ein glückliches Familienleben ist. Wir haben zahlreiche Kunden begleitet, die zu uns kamen, weil sie sich als Paar verloren und bereits über Trennung oder Scheidung nachgedacht hatten. Nach der Zusammenarbeit mit uns beschreiben sie sich häufig selbst als neu verliebt. Er bringt ihr ganz von alleine wieder jede Woche Blumen mit, sie schreiben sich wieder gegenseitig Liebesbriefe und haben frische Ideen, wie sie miteinander alt werden können. All dies wirkt sich natürlich positiv auf das Zusammenleben in der Familie aus. Zum einen können so mehr Kinder mit beiden Elternteilen aufwachsen und zum anderen geben Eltern ihren Kindern damit auch die Möglichkeit zu erleben, wie Beziehung positiv gelebt werden kann und schwierige Phasen gemeinsam überwunden werden können.

Für uns ist eine Partnerschaft vergleichbar mit einer Schere: Zwei Partner laufen nebeneinander gemeinsam Hand in Hand durch ihr Leben. Dann gibt es Zeiten, da entfernen sich die beiden ein Stück voneinander. Dann öffnet sich die Schere. Mal ist es der eine, der sich wegbewegt, mal der andere, mal sind es beide. Das ist nicht schlimm. Wichtig ist nur, dass man als Paar die Schere wieder schließt. Dass man einen Weg findet, wieder gemeinsam weiterzugehen. Das kann dazu führen, dass der eine dem anderen folgt. Oder der andere auf den gemeinsamen Weg zurückkehrt. Letztlich ist es eine gemeinsame Reise mit einem gemeinsamen Ziel. Allerdings funktioniert das nicht von selbst. Eine Beziehung ist kein starres, sondern ein lebendiges Konstrukt. Wenn eine Beziehung ein Leben lang halten und gelingen soll, dann muss sie mitwachsen, sich anpassen an unsere Bedürfnisse. Es sollte nicht so sein, dass wir etwas leben, das uns beiden nicht gefällt, vielleicht weil wir denken, der andere würde es mögen. Leider passiert genau das sehr oft.

Immer wieder kamen wir an den Punkt, dass wir uns Menschen wünschten, die für uns als Modell funktioniert hätten. Denn weder wir noch unsere Eltern haben gelernt, eine Beziehung zu führen. Wahrscheinlich ist es bei dir nicht anders. Wie viele Paare kennen wir, die Jahrzehnte glücklich zusammenleben, deren Liebe nicht schrumpft, sondern immer weiter wächst, und die gleichzeitig in der Lage sind, zu benennen, wie sie das schaffen?

Tatsächlich erleben wir viele Paare, die nie gelernt haben, miteinander zu sprechen. Und wenn sie dann einmal miteinander im Gespräch sind, – unbeabsichtigt – eine Bombe nach der nächsten zünden. Ich erinnere mich beispielsweise an ein Paar in unserem Coaching, das sichtlich bemüht war, gut miteinander auszukommen. Doch sobald er zu sprechen begann, sank sie in sich zusammen. Er konnte sie mit seinen Worten nicht erreichen, sie fühlte sich unverstanden. Regelmäßig haben sie sich innerhalb weniger Minuten in Teufels Küche manövriert – obwohl sie doch eigentlich alles richtig machen wollten.

Bernd und ich entschieden, dass unsere Beziehung das Herzstück oder der Motor unserer Familie ist. In unserer Arbeit mit Paaren erleben wir jedoch eine andere Realität. Mütter, für die die Kinder bedeutsamer sind als der Partner; Väter, die komplett irritiert sind. Kinder, die ausflippen, weil sie das Gefühl haben, sich zwischen den Eltern entscheiden zu müssen. Häufig beobachtete ich zum Beispiel, dass Mütter sich ungefragt immer und immer wieder in die Entscheidungen der Väter einmischen: Wenn der Vater mit dem Kind zum Spielplatz geht, dem Kind die Jacke anzieht und die Mutter dazukommt, dem Kind die Jacke wieder auszieht und eine andere holt, weil sie denkt, die andere Jacke wäre nicht warm genug. Mit dieser Bevormundung hat sie die natürliche Autorität des Vaters untergraben. Das ist unterm Strich für beide Elternteile frustrierend und hat häufig zur Folge, dass der Vater das Gefühl bekommt, es eh nicht richtig machen zu können, und sich zurückzieht. Die Mutter wiederum hat das Gefühl, dass alles an ihr hängen bleibt. Und für das Kind bedeutet das: Sobald wir als Paar nicht zueinanderstehen und uns gegenseitig den Rücken stärken, können die Kinder sich nicht in die Rolle des Kindes fallen lassen. Sie beginnen, zwischen den Eltern zu vermitteln, stecken um des lieben Friedens willen zurück und reagieren verunsichert. Im Grunde sind dann alle desorientiert – wie bei einer gemeinsamen Autofahrt, bei der jeder die kürzere Route zu kennen glaubt. Der eine sagt nach rechts, der andere nach links oder doch geradeaus? Ihr folgt mal der einen Ansage, mal der anderen und stellt irgendwann entnervt fest, dass ihr euch im Kreis dreht. Oder bestenfalls zwar vorankommt, aber ständig damit beschäftigt seid zu diskutieren, wo es langgeht. Wenn ihr aber schon zu Beginn der Fahrt das Navi einstellt und es zuverlässig funktioniert, leitet es euch automatisch ans Ziel. Ihr könnt die Fahrt genießen und euch in Ruhe unterhalten oder eigenen Interessen nachgehen. Genau das passiert, wenn ihr entscheidet, dass eure Beziehung das Herzstück eurer Familie ist. Dann ist das Navi programmiert. Das funktioniert übrigens auch, wenn ihr kein Paar mehr seid, aber gemeinsam Eltern bleibt.

Diese Entscheidung, unsere Beziehung als Herzstück unserer Familie zu betrachten, bedeutete für Bernd und mich, dass wir immer tiefer einsteigen mussten. Denn obwohl wir all die Dinge, die oben beschrieben sind, getan haben, zeigten uns unsere Kinder, dass da noch mehr möglich ist. Dass nebeneinanderher zu leben nicht funktioniert, selbst wenn es dabei nur um ein themenspezifisches Schweigen geht. Auch damals in den Wochen, in denen ich nicht wusste, wie ich Bernd auf seine verschwundenen Träume ansprechen könnte, waren wir im Gespräch. Wir sprachen stundenlang über die Kinder, planten gemeinsam unseren Alltag, diskutierten, was nötig war. Nur den einen, den kritischen Punkt der verlorenen Träume, blendeten wir aus. Und unsere Kinder reagierten. Mit Ausrastern, Wutanfällen oder Rückzug. Auf einmal wurde es schwer für mich, Bernd den Rücken zu stärken. Er war einfach frustriert, und das spürten wir anderen. Wenn ein Kind zu mir kam und sich über den Papa beschwerte, weil er sich komisch verhalten hatte, dann war ich im Zwiespalt: Gebe ich dem Kind recht, um es in seiner Wahrnehmung – die ich ja teilte – zu stärken, oder halte ich zu Bernd? Immer öfter entschied ich mich für die Kids. Stellte mich vor die Kinder und forderte von Bernd ein anderes Verhalten ein. Für Bernd fühlte sich das wie ein Dolchstoß an. Trotzdem wusste ich mir erst mal nicht anders zu helfen. Wären wir diesen Weg weitergegangen, hätten wir uns als Herzstück unserer Familie verloren. Das durfte nicht passieren. Deshalb unternahm ich wiederholte Anläufe, die Schere in diesem Bereich wieder zu schließen. Es war eine wirklich anstrengende Zeit. Für uns alle.

Glücklicherweise bin ich sehr hartnäckig, wenn es um etwas geht, das mir wichtig ist. Folglich probierte ich alle möglichen Wege aus, um dann mit dem Gespräch über Träume und Ziele den Jackpot zu knacken. In der Folge bewegten wir uns wieder neu aufeinander zu. Wir schlossen die Schere Stück für Stück. Bernd besuchte sein Seminar und fand neue Motivation in sich. Die Bewältigung dieser Situation war rückblickend einer unserer Meilensteine. Ich war überglücklich, dass Bernd nach besagtem Seminar offen war, andere Dinge auszuprobieren. Im Jahr darauf buchten wir mehrere Seminare, Ausbildungen und Kurse gemeinsam und gingen auf Entdeckungsreise zu uns selbst. Was wir dort entdecken durften, war einfach nur großartig. Ich bin bis heute davon überzeugt, dass wir als Paar schon immer vieles gut hinbekommen haben. Weil wir es so unbedingt wollten. Und gleichzeitig ist bis heute immer der Weg unser Ziel. Es geht uns nie ums Ankommen, darum, alles zu wissen oder zu können und ein perfektes Paar zu sein. Es geht uns vielmehr darum, unsere Herzen immer weiter zu öffnen. Neue Ebenen in uns kennenzulernen und auf neue Weise den gemeinsamen Alltag zu gestalten. Je mehr jeder in sich selbst zu Hause ist, umso erfüllter wird die Partnerschaft. Dann bleibt das Paarsein auch nach vielen, vielen Jahren spannend und ereignisreich.

Bernds Blick

Das Bemühen von Uli, immer wieder ins Gespräch gehen, keinen Streit im Raum stehen lassen, war anfangs fordernd für mich. Und gleichzeitig rannte sie offene Türen bei mir ein. Als Kind hatte ich erlebt, wie meine Eltern tagelang nicht miteinander oder nur über mich kommunizierten. Das wollte ich auf keinen Fall für meine eigene Paarbeziehung. Ich wollte es unbedingt anders machen, als ich es kannte. Und das gelang durch unsere vielen Gespräche, die für mich zur neuen Normalität wurden. Ein neuer Trampelpfad in meinem Gehirn entstand. Dass Beziehung so aussehen könnte, war für mich früher unvorstellbar. Und gleichzeitig war es natürlich unendlich heilsam, dies zu erleben. Lange Jahre war es ein großer Antrieb für mich, es besser machen zu wollen als meine Eltern. Damit habe ich mich für neue Ideen geöffnet. Ich hatte schon x-fach von Ulis Ideen profitiert und wusste, ich kann ihr vertrauen. Auch in dem Moment, als sie den Vorschlag machte, ob ich mir nicht Hilfe suchen und an diesem Seminar teilnehmen wollte, ist es mir deshalb gelungen, mich darauf einzulassen. Genau wie auf unsere weitere Reise. Was ich dir als Mann noch mitgeben möchte: Für eine gemeinsame Entwicklung ist es nicht wichtig, alles genauso zu machen wie die Partnerin. Oft reicht es schon aus, nicht dagegen zu sein und sich auf sie einzulassen. Der Rest ergibt sich. Denn auch wir Männer wollen ja glückliche und liebevolle Beziehungen erleben.

Rückschlag und Tiefpunkt

Als wir anfingen, gemeinsam Seminare zu besuchen und uns gemeinsam persönlich weiterzuentwickeln, ist uns ein Fehler unterlaufen. Auch wenn wir schlussendlich viel daraus gelernt haben, möchten wir diese ganze Szene doch etwas differenzierter betrachten – bei allem Guten, was wir daraus mitgenommen haben. Denn #gemeckerfrei würde es ohne die Ereignisse damals nicht geben. Von daher bin ich unendlich dankbar dafür. Genau genommen waren es sogar zwei Fehler. Doch der Reihe nach.

Bernd und ich besuchten damals ein vierzehntägiges Seminar und beschäftigten uns intensiv mit Zielen, Eigenverantwortung und dem Gesetz der Anziehung. Letzteres beschreibt die Resonanz unserer inneren Einstellung in der äußeren Welt. Es besagt, dass Gleiches Gleiches anzieht. Und dass wir anhand unserer Gedanken und Gefühle unsere Lebensrealität selbst erschaffen können. Wir lernten, dass man alles erreichen kann, wenn man es „richtig“ anstellt. Von dem Wert dieser Aussage sind wir bis heute überzeugt. Damals war sie für uns allerdings ein Problem. Denn statt dass uns diese Aussage motivierte und neue Ziele setzen ließ, fingen wir an, uns schlecht zu fühlen. Wir begannen, nicht auf das zu schauen, was wir mit unseren vier Kindern schon erreicht hatten, sondern fingen an, den Blick darauf zu richten, was wir *noch nicht* hatten. Auf einmal kritisierte ich mich selbst für meine wundervolle Arbeit, wurde unzufrieden und hechelte immer größeren Zielen hinterher.

Das produzierte Druck und Stress. Anstatt das Gesetz der Anziehung für uns zu nutzen, sabotierten wir uns damit selbst. Immer größere Ziele, immer mehr Disziplin. Der Mensch kann alles schaffen – das stimmt und ist an sich keine Frage, aber Disziplin kann auch Härte gegenüber sich selbst bedeuten. Und genau so war es auch bei uns. Wir wurden hart zu uns selbst. Trieben uns zu immer weiteren Höchstleistungen an. Dabei waren wir ja auch zuvor nicht untätig oder gelangweilt gewesen, sondern immer schon bis zum Anschlag busy und fleißig. Nun wurde unser Terminkalender noch voller. Was wir damals nicht erkannten oder nicht berücksichtigten: Gleiches zieht Gleiches an. Das bedeutet auch, dass Mangel Mangel anzieht. Anstrengung noch mehr Anstrengung erzeugt. Härte Härte produziert – und so weiter.

Heute wissen wir, wie entscheidend es ist, dass wir uns selbst auf jede Reise mitnehmen, in jede Veränderung. Und das bedeutet, dass wir dafür unseren Verstand, das heißt unsere Intention, und genauso unser Herz, also unsere Emotionen, benötigen. Ziele, die der Verstand kreiert, können wir nur realisieren, wenn wir auch die zu diesem Ziel passenden Emotionen in uns entwickeln. Erst bist du es, dann hast du es. Die Intention legt die Zielrichtung fest, die Emotion kreiert.

Dass uns nur ein Teil der Botschaft erreicht hatte und wir folglich an der Umsetzung scheiterten, war unser eigener und erster Fehler.

Den zweiten Fehler muss ich vor allem mir selbst anheften. Ich war früher ein Mensch, der lange brauchte, um sich auf andere Menschen einlassen und von ihnen Ratschläge annehmen zu können. Wenn ich jedoch Vertrauen entwickelt hatte, nahm ich jedes Wort für wahr. So auch gegenüber einem unserer damaligen Coaches. Ich vertraute ihm blind – statt meiner Intuition zu folgen. Er riet uns zum Beispiel, wir sollten unsere Kinder nicht so wichtig nehmen. Wir sollten unsere Kinder in der Werteskala nach unten setzen. Man stelle sich das einmal vor! Genau das, die Wichtigkeit unserer Kinder, lag uns doch immer am meisten am Herzen. Wir wollten nichts anderes, als unser Leben *mit* unseren Kindern aufbauen. Es war unsere Einzigartigkeit, dass es uns immer gelungen ist, für unsere Kinder da zu sein und alles andere zusätzlich möglich zu machen. Wir empfanden dabei nie, dass wir persönlich zurücksteckten, noch waren wir Helikoptereltern. Rückblickend wissen wir, dass es falsch war, Rat von jemandem anzunehmen, der ein Leben lebte, das nur bedingt unseren Wünschen oder Vorstellungen entsprach. Das konnte nur schiefgehen.

Wir möchten dir deshalb empfehlen: Lerne nur von Menschen, die da sind, wo du hin willst. Akzeptiere nur Ratschläge in den Bereichen, in denen der Lehrer, Berater oder Coach das lebt, was du erreichen willst. Wenn es also nicht dein Ziel ist, mit deinem Partner oder deiner Partnerin deine Kinder #gemeckerfrei zu begleiten und zusammen glücklich zu sein, dann lies hier nicht weiter, sondern verschenke das Buch lieber an jemanden, der dieses Ziel verfolgt.

Nach unterschiedlichen Seminaren über Ziele, Visionen und persönliche Weiterentwicklung im Allgemeinen arbeiteten wir noch mehr, strengten uns noch mehr an – in der Annahme, damit unsere ambitionierten Ziele besser erreichen zu können. Wir folgten dem klassischen Glaubenssatz, dass viel von viel kommt und Leistung sich immer auszahlt. Wir erwarteten von unseren Kindern häufiger, dass sie kooperierten. Nach und nach veränderten sich die Beziehungen in der Familie. Anfangs kaum merklich. Wir waren so beschäftigt und so überzeugt, auf dem richtigen Weg zu sein. Immer häufiger forderten wir von den Kindern zu warten, ihre Bedürfnisse hintanzustellen. Ich beobachtete an mir Verhaltensweisen, die ich von meinen Eltern kannte und die ich niemals – niemals! – in meiner Familie an den Tag legen wollte. Tränen als Druckmittel einzusetzen beispielsweise. Streitereien wegen Kleinigkeiten. Unnütze Diskussionen, Geschrei, Gemecker, Gemotze.

Es kam, wie es kommen musste: Wir bewiesen uns in dieser Phase sozusagen selbst, dass der herkömmliche Weg, mit Kindern umzugehen, schrecklich ist und niemanden glücklich macht. Wir erlebten am eigenen Leib, was es bedeutet, von Kindern zu erwarten, dass sie funktionieren. Denn unsere Kinder ließen es sich glücklicherweise nicht gefallen. Wir erlebten die krassesten Wochen unseres Elternseins. Eine handfeste Pubertätskrise, die uns einige Wochen wirklich herausforderte, war der Wendepunkt. Dadurch haben wir es verstanden. Wir konnten erkennen, was uns unsere Kinder schon einige Monate durch die Blume mitteilen wollten. Wir lernten, klar zu sein, praktizierten eine liebevolle Klarheit. Mit uns selbst und mit unseren Kindern. Und gaben uns und den Kindern dadurch Halt.

Ein wichtiger Wendepunkt war ein Brief, den wir unserem Teenager schrieben und in dem wir ihm davon erzählten, wie sehr wir ihn liebten. Wie schön es war, als das Kind als Baby zu uns gekommen war. Was es uns im Lauf seines Lebens alles gelehrt hatte. In diesem Brief konnten wir die Emotionen aus der Vergangenheit ausdrücken und aufleben lassen. Emotionen, die in einer von Sorge und Streit geprägten Situation keine Resonanz fanden, wo ein „Ich hab dich lieb" gar nicht durchdringen konnte. Aber die Erinnerung an die schönen Momente und unsere Liebe – damit hatten wir unser Kind erreicht. Bis heute hütet es diesen Brief wie einen Schatz.

Einer unserer Tipps, wenn es mit einem Kind einmal herausfordernd ist, lautet deshalb: Erinnere dich daran, wie sehr du dieses Wesen geliebt hast, als du es zum ersten Mal im Arm halten konntest. Und hole dir dieses Gefühl wieder in deinen Alltag zurück.

Nach besagtem Brief konnten wir uns wieder auf unsere Werte besinnen. Wir hatten verstanden, dass die tiefere Ursache für die Schwierigkeiten unseres Kindes in der Familie lag. Sie waren die logische Folge unseres veränderten Umgangs mit den Kindern und unserer Entscheidung, von unserem Weg als Familie abzuweichen. Diese abstruse Idee, die Kinder weniger wichtig zu nehmen, legten wir anschließend ad acta. Nach und nach orientierten wir uns wieder an unseren ursprünglichen Überzeugungen. Heute bin ich von Herzen dankbar für diese Erfahrungen. So unangenehm viele Momente in diesen Wochen auch waren, letztlich waren sie ein Geschenk, das dazu beitrug, dass wir wieder zu uns selbst finden konnten. Denn unterm Strich hatten auch Bernd und ich uns auf eine Art verloren – obwohl wir gleichzeitig dabei waren, uns selbst zu finden. Eigentlich verrückt.

Diese Erfahrung war auch für unseren weiteren beruflichen Weg bestimmend. Denn einerseits hat sie dazu geführt, auch beruflich gemeinsam weiterzugehen. Aus zwei Firmen eine zu machen und unser Business als Paar zu betreiben. Und andererseits konnte ich erst durch dieses Ereignis andere Eltern wirklich verstehen. Ich konnte nachvollziehen, wie es war, keine Antworten und keine Ahnung zu haben, wie es weitergehen könnte. Ich verstand, was es bedeutet, wenn Eltern sich nicht mehr zu helfen wissen. Wenn sie wütend, ratlos und maßlos verletzt sind. Wenn es sich für sie so anfühlt, als würde alles zusammenbrechen, als sei alles falsch. Ich wusste durch unsere eigenen Erlebnisse, dass es trotz aller Liebe passieren kann, dass Kinder komplett eskalieren. Einerseits hätte ich solche Ereignisse früher nicht für möglich gehalten, andererseits hätte ich nicht mit Bestimmtheit sagen können, ob #gemeckerfrei auch in vermeintlich schwierigen Familien funktioniert. Heute weiß ich aus der Arbeit mit Hunderten Familien, dass es wirklich völlig irrelevant ist, wie verfahren die Situation ist. Wer das Beste für sich und seine Kinder will, kann lernen, seine Kinder mit liebevoller Klarheit zu begleiten, und dadurch das Gemecker und den Streit in jedem Fall deutlich reduzieren.

Bernds Blick
Nobody is perfect. Denn niemand kann alles gleich gut. Niemand taugt in allem zum perfekten Vorbild. Ich würde dir zum Beispiel nicht raten, dich für eine optimale Lackpflege beim Auto an mir zu orientieren. Oder generell als Heimwerker. Es sei denn, du suchst ein Vorbild dafür, wie man sich vor handwerklichen Arbeiten am geschicktesten drücken kann.

Wenn du jedoch ein Vorbild dafür suchst, wie man zutiefst liebevoll, herzlich und immer vergebend sein kann, dann bist du mit meiner wundervollen Frau Uli sehr gut beraten. Vielleicht bist du nicht perfekt, aber du kannst alles lernen, was du wirklich können möchtest. Denn ebenso gilt: Nobody is perfect, but everybody is getting better and better.

Wie wir unsere eigenen Experten wurden

Wie großartig wäre es gewesen, wenn all die Erziehungstipps, mit denen wir uns über die Jahre beschäftigt hatten, uns langfristig weitergebracht hätten. Wenn wir in der Weiterbildungsszene endlich die Vorbilder gefunden hätten, nach denen wir so sehnlichst suchten. Wenn es irgendwo ein Rezept für ein ganzheitliches, liebevolles Miteinander zu kaufen gegeben hätte. Die Wahrheit ist: All die wundervollen Inhalte, Tools und Methoden, die wir kennenlernten, waren für sich gesehen großartig, griffen aber immer zu kurz. Und wir haben eine Menge ausprobiert: von gewaltfreier Kommunikation über Familienaufstellungen, Attachment Parenting, the Work, Step Elterntraining, Kommunikationspsychologie, systemische Ansätze, Individualpsychologie, NLP, Hypnose, Achtsamkeitstraining etc. pp.

Viele dieser Ansätze beleuchteten die Vergangenheit. Und irgendwann reagierte ich allergisch auf den Satz: „Da muss ich noch mal genau hinschauen." Ich fand es zunehmend irritierend, quasi in der Vergangenheit zu leben. Die Ursache für Probleme immer und immer wieder in der Ahnengeschichte oder in der eigenen Vergangenheit zu suchen. Damals konnte ich noch nicht greifen, was mich daran so störte. Heute weiß ich es: Denn heute sind wir davon überzeugt, dass es keine Rolle spielt, wo man herkommt. Relevant ist nur, wo man hin will. Aus eigener Therapieerfahrung sind wir zu der Erkenntnis gelangt, dass Probleme aus der Kindheit sich nicht lösen lassen, indem man darüber redet. Denn gemäß dem Gesetz der Anziehung wird das mehr, worauf wir unsere Aufmerksamkeit richten. Und je mehr wir in vergangenem Schmerz verweilen, umso häufiger fühlen wir genau diese Gefühle nach und halten sie in unserer Erinnerung lebendig. Der amerikanische Neurowissenschaftler Joe Dispenza konnte in seiner wissenschaftsbasierten Arbeit zeigen, dass wir in der Lage sind, uns selbst neu zu erfinden, wenn es uns gelingt, neue Gedanken zu denken. Die Veränderung unseres Fokus hilft uns, unsere eigene Vergangenheit zu überwinden.[9]

Denn selbstverständlich wollen auch wir nicht so tun, als gäbe es keine Vergangenheit. Jeder Mensch bringt seine Vergangenheit mit und hat Glaubenssätze von anderen Menschen übernommen. Solange diese im Unterbewusstsein ihr Unwesen treiben, bleibt es jedoch schwer, innere Klarheit zu erlangen. Das Wissen über kindliche Entwicklung alleine und praktische Tools, um klarer oder konsequenter mit den Kindern zu kommunizieren, sind einfach nur eine Seite der Medaille – auch wenn sie unendlich hilfreich sind. Solange ich nicht wirklich verstanden habe, dass mein Kind mich und mein Verhalten spiegelt und mich damit auf Missstände in meinem Leben oder in meinen Be-

9 Joe Dispenza, Ein neues Ich, Burgrain 2012.

ziehungen aufmerksam macht, können diese Methoden alleine nicht wirksam sein.

Was wir anschließend also gemacht haben, ist Folgendes: Wir haben all unser Wissen aus diesen Bereichen – kindliche Entwicklung, Kommunikation, systemische Ansätze, Mindset – zusammengebracht. Wir haben die Ansätze kombiniert. Vom Entweder-oder zum Sowohl-als-auch. Immer wieder UND. Wir wurden sozusagen unsere eigenen Experten. Wir haben getüftelt und ausprobiert. Immer wieder überprüft, hinterfragt, weitergedacht. Und gefühlt. Denn eines ist uns sehr schnell klar geworden: Intention und Emotion müssen immer Hand in Hand gehen. Wir alle brauchen Ziele im Leben, die wir erreichen wollen. Eine Vorbedingung dafür ist, dass wir von diesen Zielen motiviert und energetisiert sein müssen. Nur dann werden wir sie auch erreichen. Nur kraft unserer Vernunft und unseres Verstandes können und werden wir kein Ziel erreichen. Wir müssen auf diesem Weg unser Herz mitnehmen und unsere Emotionen. Um Ziele erreichen zu können, müssen wir uns schon auf dem Weg dahin gut fühlen – nicht erst bei der Ankunft. Als wir das verstanden hatten, wurde alles leicht. Wir wussten auf einmal, dass es keinen Grund gab, sich als Eltern schlecht zu fühlen. Dass es möglich ist, das eigene Familienleben zu feiern, und dass dies nicht bedeutet, stehen zu bleiben. Fehler, die wir alle machen, sind nichts Bedrohliches, sondern Lernchancen. Und wir können jeden Tag neu wählen, wie wir als Familie, als Paar, als Bernd oder Uli leben wollen.

Jeder Tag ist eine neue Chance. Diese Haltung ist so viel hilfreicher, als sich täglich den Kopf zu zermartern, was wir bei unseren Kindern alles falsch gemacht haben könnten. Für #gemeckerfrei war es unendlich wichtig, diesen Weg gegangen zu sein. Denn heute wissen wir, worüber wir sprechen. Wir wissen es, weil wir diesen Weg gegangen sind und weiterhin gehen: Walk the talk.

Der achtzehnte Geburtstag von Kind 1 war für uns der perfekte Zeitpunkt, um unser Projekt #gemeckerfrei zu starten. Denn wir hatten sehr vieles gefühlt, was man mit Kindern im Elternalltag erleben konnte. Wir kannten jede Lebensphase und wussten um die Herausforderungen des Elternseins. Heute geben wir an all die Eltern und Pädagogen, die uns kontaktieren, genau das weiter, was bei uns funktioniert hat. Keine abgehobenen Tipps, sondern gelebte Praxis. Und wir zeigen dir, wie du unsere Erfahrungen auf dich anpassen oder sie modifizieren kannst. Denn, wie heißt es so schön, kein Ei gleicht dem anderen. Keine Familie ist so wie eine andere. Jede Familie ist individuell.

Unser Anspruch ist es, dass jedes Modell nur so gut sein kann, wie es anpassungsfähig ist. #gemeckerfrei ist damit also kein starres System, sondern ein flexibler Rahmen mit einem soliden Fundament, auf dem du aufbauen kannst. Wir geben an dich das weiter, was für uns als Familie wichtig ist. Weil wir uns in unseren Anfangsjahren so sehr ein Vorbild gewünscht hätten, sind wir heute gerne diejenigen, an denen du dich orientieren kannst.

Bernds Blick

Die vielfältigen „Therapieerfahrungen" gehen hauptsächlich auf meine Kappe. Es hat mehrere Jahre gedauert, bis mir klar wurde, wie sehr ich damit auf dem Holzweg war und eher das Gegenteil von dem erreichte, was ich eigentlich wollte. Anstatt wachsen zu lassen, was ich wirklich will, habe ich immer wieder das hervorgeholt, was ich eigentlich loswerden wollte. Ich machte immer wieder andere Menschen oder die Umstände oder was auch immer für mein Leben verantwortlich. Es waren stets „die anderen", nicht ich.

Heute weiß ich, dass das, was ich über andere Menschen denke, viel mehr mit mir zu tun hat als mit anderen. Vielleicht kennst du das Sprichwort: „Was Paul über Peter sagt, sagt mehr über Paul als über Peter.“ Diese Erkenntnis war das Ende meiner Therapiesitzungen und der Anfang unserer Reise zu #gemeckerfrei.

Unser Familienleben heute

Es ist uns besonders wichtig, dass das, worüber wir sprechen oder schreiben, Hand und Fuß hat. Dass es auch für dich funktioniert. Deshalb möchten wir dir zum Abschluss des Kapitels noch beschreiben, wie unser Alltag in den letzten Jahren und auch heute aussieht. Anschließend werden wir dir im Detail erzählen, wie du deine #gemeckerfrei-Reise starten kannst.

Mittlerweile sind unsere beiden ältesten Kinder erwachsen, und während dieses Buch entsteht, zieht Kind zwei gerade aus. Kind eins ist vorübergehend noch einmal für zwei Monate bei uns eingezogen, wohnt an sich aber alleine und baut sich sein eigenes Leben inklusive eigenem Business auf. Unser Alltag umfasst also fünf oder sechs Personen. Und wir sind gespannt darauf, wie es sein wird, wenn wir „nur“ noch zu viert sein werden.

Du siehst, es verändert sich ständig etwas. Unser Leben ist sehr dynamisch. Wer bei uns dauerhaft oder vorübergehend lebt, wo wir leben, welches Kind wie lange und wo zur Schule geht, wer wann und wie arbeitet – immer und immer überprüfen wir, ob unser Leben auch wirklich unseren Vorstellungen und Wünschen entspricht oder eben nicht. Sobald wir feststellen, dass etwas nicht für alle stimmig ist, ändern wir es. Wir gestalten unseren Alltag gemeinsam. Wir legen alle Wünsche oder Bedürfnisse auf den Tisch und finden Lösungen, die für alle gut passen. Dabei zählt die Stimme jedes Einzelnen, und derjenige, dem es gerade leichter fällt, sich einzufügen, der stellt seine eigenen Bedürfnisse zeitweise zurück. Wir als Eltern achten darauf, dass keiner zu kurz kommt, und pflegen diese Kultur der Bedürfniserfüllung jedes Einzelnen, indem wir gemeinsam unser aller Bedürfnisse im Blick haben. Wenn wir alle aufeinander schauen, bekommt jeder mehr als genug. Bernd und ich haben für uns den Grundsatz entwickelt, dass Elternsein für uns bedeutet, in der Hingabe Erfüllung zu finden.

In der Hingabe Erfüllung finden

In der Hingabe Erfüllung zu finden bedeutet für mich, dass ich als Mama so stabil in mir ruhe, dass es für mich erfüllend ist, die Bedürfnisse des Kindes zu bedienen – auch wenn das mitunter bedeuten kann, dass meine eigenen Bedürfnisse sekundär werden. Sobald ich dies aus einer liebevollen Grundhaltung heraus tue, lebe ich Hingabe. Hingabe ist übrigens nicht zu verwechseln mit Selbstaufgabe. Denn Selbstaufgabe wäre es, wenn ich genervt von den Wünschen des Kindes bin. Wenn ich das Gefühl hätte, zu kurz zu kommen. Gerade in unserer heutigen Gesellschaft erleben wir häufig zwei Extreme: auf der einen Seite die Eltern, die alles für ihre Kinder tun, um ja alles richtig zu machen. Das sind vor allem Mütter, die sich selbst vollkommen vergessen und Gefahr laufen, an Mütter-Burnout zu erkranken. Auf der anderen Seite erleben wir Eltern, die von ihren Kindern erwarten, dass sie das Leben der Eltern mitmachen. Eltern, die ihre eigenen Wünsche oder Bedürfnisse sehr in den Vordergrund stellen und von den Kindern erwarten, sich einzufügen oder zu funktionieren. Beide Extreme sind sowohl für die Kinder als auch für die Eltern ungünstig. Deshalb haben wir den Ansatz entwickelt, in der Hingabe Erfüllung finden zu können. Um hingebungsvoll sein zu können, muss ich davon überzeugt sein, dass ich nicht zu kurz kommen werde. Als Mutter fällt es mir zudem leichter, die Erfüllung meiner Bedürfnisse etwas hintanzustellen, weil der Horizont von Erwachsenen schlichtweg größer ist. Ich kann viel leichter abschätzen, was es bedeutet, etwas auf morgen oder den nächsten Monat zu verschieben. Je kleiner das Kind ist, umso begrenzter ist seine Perspektive. Auch wenn die Kinder älter werden, impliziert diese Herangehensweise, dass wir sehr differenziert abwägen, wann das Kind es aushalten kann zu warten und wann es unsere Aufmerksamkeit genau in dem Moment braucht.

Sicher kennst du solche Momente auch von dir selbst: Dir brennt etwas auf der Seele und du fasst den Mut, jemand anderen daran teilhaben zu lassen. Wenn derjenige jedoch in dem Moment keine Zeit für deine Belange hat, ziehst du dich wieder zurück. In der Beziehung zu unseren Kindern geht es uns darum, diese Momente zu erkennen und für das Kind oder den Jugendlichen da zu sein. Mit dem ganzen Fokus und der ganzen Präsenz, die uns zur Verfügung stehen. Weil wir die Qualität der Beziehung, das Bedürfnis des Kindes in diesem Moment bedeutsamer finden als beispielsweise die Küche, die Wäsche oder die Arbeit.

In der Hingabe Erfüllung zu finden heißt auch, offen zu sein für die Wünsche und Bedürfnisse aller Familienmitglieder. Sich selbst nicht so wichtig zu nehmen – ohne dabei auszubrennen. Unter dem Strich sind es ja eben nur ein paar Jahre, in denen unsere Kinder uns so intensiv brauchen. Bei uns ist es beispielsweise auf eine Initiative von Kind drei zurückzuführen, dass wir von einem Ende Deutschlands ans andere umgezogen sind – weil es sich eine andere Schule gewünscht hat. Eine Veränderung, mit der wir schlussendlich alle happy sind.

Also: Dynamisch sein, der Stimme der Kinder mindestens denselben Stellenwert eingestehen wie der eigenen, über alles sprechen und die Beziehung an die erste Stelle setzen – das sind vier unserer Golden Nuggets, die dazu geführt haben, dass unser Alltag heute maximal entspannt ist.

#gemeckerfrei zu leben bedeutet für uns, dass jede Emotion ihre Berechtigung hat. Alles ist menschlich. Und gleichzeitig sind wir so verbunden, so offen und empathisch miteinander, dass wir Meinungsverschiedenheiten oder unterschiedliche Ansichten frühzeitig genug erkennen, sodass nichts eskaliert. Und selbst wenn es einmal knallen würde, wäre auch das in Ordnung. Wir erinnern uns: Nobody is perfect. Und wir schon gleich gar nicht. Deshalb war es auch nie unser Ziel, keinen Streit in unserem Alltag zuzulassen. Dennoch ist die Folge unseres Umgangs miteinander, dass Streitereien aus unserem Alltag praktisch verschwunden sind. Das ist sozusagen ganz von selbst entstanden. Streit unter uns Eltern? Letzten Sommer gab es mal einen kurzen Moment. Streit unter Geschwistern? Fehlanzeige. Der kommt schlichtweg nicht vor. Wutanfälle der Kids? Ich kann mich an einen solchen Wutausbruch erinnern, der mittlerweile ungefähr drei Jahre her ist. Wir leben friedlich miteinander. Und wie so viele andere Eltern auch haben wir das erste Corona-Jahr gut gewuppt und sind dabei noch enger zusammengewachsen. Unsere erwachsenen Kinder stehen auf ihren eigenen Beinen. Sie sind – wie man so schön sagt – gelungen und es ist eine solche Freude für uns als Eltern zu sehen, in welchen Bereichen sie heute mit knapp und Anfang zwanzig schon über uns hinauswachsen.

Denn natürlich müssen uns unsere Kinder überholen – nur so ist Fortschritt und Weiterentwicklung möglich. Gleichzeitig genießen wir unsere Gespräche auf Augenhöhe und lieben es, dass die beiden Jüngeren noch bei uns sind. Heute leben wir mit unseren Kids so entspannt, wie ich es mir immer gewünscht habe. Immer wieder frage ich mich, ob es wohl nur daran liegt, dass sie nun schon so groß sind. Ich erinnere mich in solchen Momenten daran, dass wir in den Jahren, in denen die beiden Großen in dem Alter der Kleinen waren, sehr wohl auch immer wieder heftig aneinandergeraten sind. Heute bin ich mir sicher: Unser #gemeckerfreier Alltag mit viel Tiefe, viel Gefühl und viel Authentizität ist die Folge unseres Weges.

Im nächsten Kapitel zeigen wir dir, was genau hinter #gemeckerfrei steckt und wie du die ersten oder nächsten Schritte auf deinem Weg gehen kannst. Früher hat es uns viel Zeit und Energie gekostet, die Kinder zu begleiten. Heute haben wir viel mehr Raum für unsere eigenen Interessen, und zwar alleine deshalb, weil wir keine Streitereien mehr ertragen oder begleiten müssen. Ich wünsche dir von Herzen, dass du ähnliche Erfahrungen machen darfst – denn Elternsein ist ja per se schon herausfordernd genug, auch ohne Zwist und Streitigkeiten.

Bernds Blick

Wenn ich ehrlich bin, war ich früher auch mal genervt von Ulis Anspruch, immer noch mehr auf die Kinder einzugehen. Am liebsten wäre es mir eigentlich gewesen, das Elternsein hätte von selbst funktioniert – ohne großen Aufwand. Schließlich hat auch unser Tag nur vierundzwanzig Stunden, und die waren stets gut gefüllt. Heute erlebe ich genau das: Unsere Familie funktioniert einfach. Klar sind wir immer für die Kids da und lassen für sie auch mal alles andere stehen und liegen. Aber alleine die Tatsache, dass es kein Geschrei und keine Streitereien mehr gibt, ist Gold wert und meine empfindlichen Ohren danken es mir jeden Tag.

Der wahre Gewinn jedoch sind die innigen Beziehungen und die Nähe zueinander, die wir in unserer Familie leben. Von daher: Auch wenn es zunächst vielleicht so wirkt, als wäre es anstrengend oder schwierig, #gemeckerfrei im Alltag umzusetzen, bleib dran. Es lohnt sich und zahlt sich vielfach aus!

3. #gemecker**frei** beginnt IN uns selbst

#gemecker**frei** ist die Rechtschreibreform des Herzens

Vielleicht gehörst du vom Alter her auch zu denen, die im Zuge der Rechtschreibreform viel neu lernen mussten: Da wurde zum Beispiel aus „Phantasie“ auf einmal „Fantasie“ und das war zu Beginn total ungewohnt. In der Rückschau jedoch ist die neue Schreibweise sogar einfacher, zumindest für all diejenigen, die die alte Schreibweise nicht kennen. Genauso ist es mit #gemeckerfrei. Denn #gemeckerfrei bedeutet in der Kurzfassung, dem eigenen Herzen zu folgen. Immer und immer wieder zu hinterfragen, was die Liebe tun würde. Würdevoll mit sich selbst und miteinander umzugehen. Sanft mit sich sein. Das innere Gemecker abzustellen und in der Konsequenz auch das äußere. Wissen, was Kinder zum Aufwachsen brauchen, und die Beziehung zueinander an die erste Stelle setzen. Regeln, Pflichten oder Ansprüche zu hinterfragen und nicht so wichtig zu nehmen.

Weil wir Eltern in unserer eigenen Vergangenheit selbst oft zu Objekten gemacht wurden, funktionieren oder uns Liebe verdienen mussten, fällt es uns oft schwer, im Umgang mit unseren Kindern unserem Herzen zu folgen. Oft wissen wir auch gar nicht, was das denn bedeutet: dem eigenen Herzen zu folgen. Das hängt zum einen damit zusammen, dass unsere innere Stimme häufig verstummt ist. Zum anderen wird sie oft überlagert durch eigene Glaubenssätze und verinnerlichte Verhaltensmuster. Deswegen entsteht oftmals Verwirrung, wenn wir hören, man solle seinem Herzen folgen. Ist damit Intuition gemeint?

Oder ein bestimmter Glaubenssatz? Wie in der Rechtschreibung: Wie schreibt man das jetzt gleich?

Den Zugang zur eigenen Intuition wiederzufinden, das eigene Herz zu öffnen, ist mitunter genauso schwierig, wie eine alte Schreibweise zu verlernen. Denn in unserem Gehirn sind durch die unzähligen Wiederholungen „Trampelpfade“, also festgelegte Wege, entstanden, die uns sozusagen automatisch denken und handeln lassen. Deshalb ist es ein wichtiger Schritt auf deiner Reise zu einem #gemeckerfreien Familienalltag, zunächst alte Pfade aufzuspüren, um diese anschließend verlassen und neue Wege einschlagen zu können.

Greifen wir noch einmal auf die Rechtschreibreform zurück: Früher war es korrekt „Phantasie“ mit „Ph“ zu schreiben. Das war dudenkonform, auch wenn wir uns hin und wieder gefragt haben, warum man einen Laut, den man „f“ spricht, nicht auch so schreiben kann. Wir gewöhnten uns an die Ph-Schreibung, weil es den Regeln entsprach. Genauso machen wir es auch in vielen anderen Lebensbereichen. In der Erziehung war es normal, Kinder mehr oder weniger autoritär zu behandeln. Körperliche Züchtigungen waren lange ein gängiges Mittel im Familienalltag. Erst seit dem Jahr 2000 ist gesetzlich verbürgt, dass „Kinder (…) ein Recht auf gewaltfreie Erziehung (haben). Körperliche Bestrafungen, seelische Verletzungen und andere entwürdigende Maßnahmen sind unzulässig“[10]. Doch auch nachdem der Rohrstock verbannt war, galt der Klaps auf den Po noch lange als legitim. Bis heute wissen viele Eltern nicht, dass verschiedene Formen von Kindeswohlgefährdung – beispielsweise auch „geistige Gewaltanwendung“ wie Anschreien oder die verbale Androhung von Strafen jeder Art – einen Verstoß gegen die UN-Kinderrechtscharta[11] darstellen. Als

10 § 1631 Abs. 2 BGB, Gesetz zur Ächtung von Gewalt in der Erziehung.

11 § 19.1., Konvention über die Rechte des Kindes, UNICEF, vom 20. November 1989, am 26. Januar 1990 von der Bundesrepublik Deutschland unterzeichnet. https://www.unicef.de/blob/194402/3828b8c72fa8129171290d21f3de9c37/d0006-kinderkonvention-neu-data.pdf

mir dies im Rahmen meiner Tätigkeit als Fortbildungsreferentin in Kitas bewusst wurde, war ich geschockt. Denn natürlich wurde ich selbst auch mal laut und nahm dabei in Kauf, dass sich meine Kinder durch mein Verhalten schlecht fühlten. Ich folgte dem Glaubenssatz, dass Kritik Kinder besser macht. Dass ich die Kinder wissen lassen müsste, was sie falsch gemacht hatten. Als ich erfuhr, dass mein Verhalten mitunter bereits eine Form von Kindeswohlgefährdung darstellte, wurde mir kalt und heiß gleichzeitig. Einige Tage dachte ich, ich würde nie wieder in den Spiegel schauen können. Denn im ersten Moment fielen mir nur diejenigen Aspekte auf, bei denen ich versagt hatte. Doch nachdem der erste Schreck überwunden war, wurde in mir der Wunsch wach, weiterzugehen. Noch klarer zu definieren, wie ich den Umgang mit Kindern haben will. Heute weiß ich, dass ich mit meinen Kindern zu jeder Zeit so umgehen will, wie ich selbst möchte, dass andere mit mir umgehen.

Magst du selbst gerne kritisiert oder angeschrien werden? Magst du unter Druck gesetzt oder lächerlich gemacht werden? Möchtest du würdelos behandelt werde? Wann immer du diese Fragen verneinst, wähle einen anderen Weg mit deinem Kind.

An dieser Stelle möchten wir dich einladen, einen ehrlichen Blick auf deinen Familienalltag zu werfen. Dich zu hinterfragen, ob dieser so liebevoll und gleichzeitig klar ist, wie du ihn dir wünschst. Und dich einzulassen auf die Antwort, die in dir entsteht. Falls du dich dabei erst einmal schlecht fühlst, denke an die Rechtschreibreform: Alles war bisher gut und richtig, wie es war. Du hast Phantasie mit Ph geschrieben, und das war völlig in Ordnung. Genau so ist es auch bei dir: Du warst immer die beste Mama oder der beste Papa für deine Kinder. Denn du hast alles immer so gut gemacht, wie es dir möglich war. Niemand macht absichtlich Fehler. Durch die Auseinandersetzung mit #gemeckerfrei wirst du jedoch vermutlich Dinge neu betrachten und dann gegebenenfalls verändern. Du gehst einfach einen Schritt weiter. Du erlaubst dir, nicht perfekt sein zu müssen und lernen zu dürfen. Deine Kinder lernen dadurch, dass es normal ist, lebenslang zu lernen. Dass nichts Negatives am Lernenwollen haftet, dass Lernen Spaß macht und immer möglich ist. Niemand muss in irgendeinem Lebensbereich im Status quo verharren. Jede und jeder von uns kann in jedem Moment neu entscheiden, was für eine Mama oder was für ein Papa sie oder er sein will. Jeder darf wachsen. Dies ist die Rechtschreibreform deines Herzens und sie wird dich dabei unterstützen, Schritt für Schritt immer liebevoller mit deinen Kindern und mit dir selbst zu sein.

Besonders wichtig ist uns dabei: Wenn du Mama oder Papa wirst, bringst du dich als Mensch mit. All die guten Erinnerungen und all die schmerzvollen Momente deiner Kindheit, die dich geprägt haben. Sie unterstützen dich dabei herauszufinden, wer du sein willst und wie du dein Leben leben möchtest. Es sind deine Erfahrungen, die dich dahin gebracht haben, wo du heute stehst. Sie sind deine Startrampe für alles, was noch kommen wird. Ein entscheidender Schlüssel für deine #gemeckerfrei-Reise ist, Frieden zu schließen mit der eigenen Vergangenheit. Nun kann ich natürlich nicht wissen, wie schwer oder wie leicht es dir fällt, deine Vergangenheit als Teil deiner Geschichte anzunehmen. Aber wie immer deine Geschichte ist, ist es wichtig zu lernen, dankbar zu sein für das, was war. Denn dann und erst dann kannst du das Vergangene loslassen. Erst dann wirst du frei.

Eine Betrachtung, die vielen unserer Coachingteilnehmer hilft, ist folgende: Schau auf den gegenwärtigen Moment und darauf, was da ist. Vermutlich hast du ein Zuhause, du hast Kinder, du hast es warm und satt bist du vermutlich auch. Damit sind schon vergleichsweise viele Parameter für ein zufriedenes Leben erfüllt. Dinge, die für die meisten Menschen auf der Welt alles andere als selbstverständlich sind. Dass du es in dem einen oder anderen Lebensbereich noch schöner, erfüllter oder harmonischer haben möchtest, gehört zum Leben dazu. Und je mehr du dich darauf trainierst, Dankbarkeit für deine Geschichte zu empfinden – und das ist genau so Training wie Marathon laufen oder Workouts absolvieren –, desto schneller verlassen dich die Gespenster der Vergangenheit. Desto schneller findest du Frieden und kannst deinen Fokus auf eure gemeinsame Zukunft richten. Dann verschwindet der Druck in dir und Menschlichkeit kann zum Indikator deines Elternalltags werden.

Wenn wir verstanden haben, dass wir unsere Kinder nicht erziehen können, werden wir uns fragen, wie wir uns das Leben ab sofort leichter machen können. Wie können wir unsere Herzen öffnen und unsere Kinder voller Liebe begleiten? Dies sind die ersten Fragen auf dem Weg zu deiner eigenen Herzreform. Befreie dich selbst von den Erwartungen anderer und dem Druck, perfekt sein zu müssen. Hast du Lust darauf?

Bernds Blick

Ich kann mich noch sehr gut erinnern, als ich zum ersten Mal in meinem Leben den Satz „Kritik macht niemanden besser“ gehört habe: Erst mal war ich sehr erleichtert, dass ich aufhören konnte, andere zu kritisieren. Doch erst nach und nach verstand ich wirklich, was es bedeutet, dass wir durch Druck eben nicht besser werden. Meine tief verwurzelte Überzeugung, dass negative Emotionen ein geeigneter Antreiber zur Veränderung bzw. Verbesserung sind, bröckelte. Doch wie konnte Lernen dann funktionieren? Als Musiklehrer musste ich meinen Schülern doch sagen, wenn sie eine Melodie falsch spielten. Kritik war doch ein fundamentaler Bestandteil meiner Arbeit. Fragen über Fragen. Und die Antworten kamen nur langsam, Stück für Stück.

Ich kann mich noch gut an die Zeit erinnern, in der Uli „nicht mehr in den Spiegel schauen konnte“. Ich hielt sie für verrückt und ihre Reaktion auf die UN-Kinderrechtscharta für überzogen. In Wahrheit ging es mir genauso wie ihr, ich hatte mir durch meine zunächst ablehnende Haltung nur ein wenig Zeit verschafft. Letztlich fanden wir auch an diesem Punkt zusammen und konnten gemeinsam Schritt für Schritt neue Wege gehen.

Wie entsteht Gemecker eigentlich?

Niemand meckert gerne. Und dennoch tun wir es als Eltern immer wieder. Vielleicht weil unsere Kinder unsere roten Knöpfe drücken, uns an unsere Grenzen bringen. Vielleicht meckern wir, weil der Alltag mit Kindern und allem, was dazugehört, wirklich herausfordernd ist. Oder weil unsere Kinder uns Seiten in uns entdecken lassen, von denen wir gar nicht wussten, dass wir sie haben. Vielleicht meckern wir auch, weil wir unzufrieden sind. All dies können Gründe dafür sein, dass wir lauter werden oder unsere Stimme schärfer klingt als üblich. Fakt ist: Je öfter wir meckern, umso schlechter fühlen wir uns.

Doch meckern heißt nicht, dass du keine gute Mutter oder kein guter Vater bist. Es heißt lediglich, dass dein Gehirn gelernt hat, auf eine bestimmte Weise zu reagieren. Du bist also weder schuld an deinem Meckern noch hast du als Mutter oder Vater versagt. Lass uns gemeinsam betrachten, wie Gemecker eigentlich entsteht.

Die Geschichte vom Misthaufen[12]

Stell dir vor, dass du am Nachmittag mit deinen Kindern unterwegs warst. Ihr kommt nach Hause zurück und vor eurer Haustür liegt ein riesiger Haufen Mist. Nach dem ersten Schreck rekapitulierst du, dass du diesen stinkenden Haufen definitiv

12 Frei erzählt nach Brahm, Ajan: Die Kuh die weinte – Buddhistische Geschichten über den Weg zum Glück, München 2006.

nicht bestellt hast. Du fragst die Nachbarn, ob jemand etwas beobachtet hat. Leider Fehlanzeige. Der Misthaufen blockiert den gesamten Eingang und er stinkt wirklich unerträglich. Irgendwie gelingt es euch, an dem Haufen vorbeizubalancieren, um ins Haus zu gelangen. Doch der Gestank gelangt durch alle Ritzen ins Haus. Zu allem Überfluss ist auch noch eines der Kinder hineingetreten. Der Mist ist also da und du kannst niemanden zur Rechenschaft ziehen. Den Misthaufen einfach zu vergessen ist unmöglich, weil der Gestank sich immer weiter ausbreitet.

Nun ist der Misthaufen natürlich kein wirklicher Misthaufen, sondern eine Analogie für alle belastenden, nervigen oder blöden Ereignisse und Erlebnisse in unserem Leben. Genau wie bei dem Mist gilt auch hier: Wir haben diese negativen Erlebnisse bestimmt nicht bestellt. Und wir fragen uns vielleicht: „Warum ich?" Doch genau wie beim Mist können wir auch unsere Geschichte mit all ihren Facetten nicht leugnen und keiner kann sie uns abnehmen. Auch dann nicht, wenn unsere Erlebnisse ebenso grauenvoll oder unerträglich wie der Gestank des Misthaufens waren.

Nun gibt es verschiedene Arten, mit dem Misthaufen umzugehen. Du kannst über ihn jammern, zetern, meckern. Du kannst immer wieder rauslaufen und schauen, ob du nicht doch jemanden findest, der für den Mist verantwortlich ist. Du kannst dich in deinem Haus verkriechen und hoffen, dass sich das Problem von alleine löst. Wann immer du rausschaust, fällt dein Blick auf den Misthaufen. Jedes Mal wird dein Ärger neu entfacht. Du kannst auch beginnen, den Misthaufen abzutragen und dazu eine Schubkarre zu Hilfe nehmen. Das dauert, aber nach einiger Zeit kommen Nachbarn hinzu und helfen dir. Ihr karrt den Mist in den Garten und grabt ihn unter. Nach und nach wird der Haufen kleiner, bis er schließlich ganz verschwunden und die Arbeit getan ist. Im nächsten Sommer entdeckst du dann, dass dort, wo du den Mist verteilt hast, wunderschöne Blumen wachsen und der Obstbaum die dicksten Früchte trägt. Denn der Mist wirkt als Dünger. Damit hast du sprichwörtlich aus Sch... Gold gemacht.

Übertragen auf das eigene Leben bedeutet das, dass die meisten Menschen üblicherweise über ihren Misthaufen schimpfen und jammern und den Mist somit immer weiter mit sich herumtragen. Ihr Leben wird immer stärker geprägt von negativen Gedanken und Gefühlen. Die andere Möglichkeit ist, dass wir die Ärmel hochkrempeln und es anpacken. Dass wir Frieden mit unserer Geschichte schließen, den Misthaufen abtragen und uns auf die positiven Aspekte in unserem Leben konzentrieren. Wenn wir diese Möglichkeit wählen, wird unser Schmerz eines Tages geheilt sein und wir werden dadurch Wunder in unser Leben einladen. Wie die Blumen im Garten wird in unserem Herzen die Blüte des Mitgefühls wachsen. Denn wie ich in Kapitel 2–3 bereits beschrieben habe, machen uns unsere Fehler oder Misserfolge in den meisten Fällen menschlicher und mitfühlender. Sollte dann einmal wieder ein unangenehmes Ereignis in unserem Leben passieren, können wir unser Herz weit öffnen und uns daran erinnern, dass wir gerade neuen Dünger für unseren Garten geliefert bekommen haben.

Es geht also bei der Auseinandersetzung mit Gemecker immer auch um die Brille, die wir aufsetzen, wenn wir auf unser Leben blicken. Gelingt es uns, unser Leben anzunehmen und das Beste daraus zu machen? Oder beschweren wir uns ständig, sind wir in Problemen gefangen und kämpfen gegen uns und unsere Vergangenheit? Unsere Gesellschaft ist häufig auf Probleme fokussiert, manchmal schwelgen wir geradezu in Problemtalks – mit Nachbarn, Freunden, Bekannten. Als würde ein Problem kleiner werden, wenn wir mit anderen darüber sprechen, oder als wäre es weniger schlimm, wenn andere das Problem auch hätten! Dabei ist es doch so: Selbst wenn all meine Nachbarn auch einen Misthaufen vor ihrem Haus liegen hätten, würde mein Haufen immer noch abscheulich stinken. Und ich hätte auch überhaupt keine Lust dazu, mich an die Existenz von Misthaufen vor jedermanns Haustür zu gewöhnen.

Wir nennen dieses Phänomen des Problemtalks gerne die „Misthaufenaustauschbörsen". Diese finden besonders gerne vor Kindergärten oder in Supermärkten statt: Menschen, die zusammenfinden, um über alle möglichen Probleme zu sprechen. Häufig drehen sich diese Gespräche um unbeteiligte Dritte oder gesellschaftliche Missstände. Seitdem ich mir vorstelle, wie dort kleine Stückchen Mist von einem zum anderen gereicht werden, fällt es mir viel leichter, das Gespräch auf etwas Positives zu richten. Denn je häufiger du selbst Misthaufen tauschst, desto schwieriger wird es, #gemeckerfrei zu werden. Wir erinnern uns: Alles, worauf wir unsere Aufmerksamkeit richten, wird mehr. Und je mehr du dich auf die Misthaufen fokussierst, umso öfter bist du angestrengt oder genervt. Die innere Motzkuh tritt immer öfter auf die Bühne.

Wir dürfen also mitnehmen, dass ein wichtiger Aspekt bei der Entstehung von Gemecker unser Fokus auf die Misthaufen ist.

Ein weiterer Auslöser für Gemecker ist, dass viele von uns von klein auf einem Irrtum aufgesessen sind. Denn sie haben gelernt, dass sie für das Wohlergehen anderer Menschen verantwortlich sind. Ich hatte beispielsweise mal einen Lehrer, der mir mitteilte, wie enttäuscht er von mir sei, weil ich in Englisch so abgerutscht war. Oder die Mutter oder der Vater, die oder der schimpfte oder enttäuscht war, wenn man mit dreckigen Schuhen ins Haus kam, das Essen nicht mochte, kleine Notlügen erzählte, die Hausaufgaben nicht machte, den kleinen Bruder schlug oder was auch immer. Dadurch lernten wir zu glauben, dass wir für das Wohlergehen anderer Menschen verantwortlich sind. Und auch wir begannen irgendwann, andere Menschen für unser Wohlgefühl zur Rechenschaft zu ziehen. So kam es, dass wir uns mehr und mehr über Gott und die Welt aufregten.

Über den Traktor vor uns, die langsame Kassiererin, die Schwiegermutter, den Partner, die Kinder. Immer und immer wieder sind wir angestrengt vom Verhalten anderer Menschen. Obwohl ich das immer vermeiden wollte, warf ich unter Tränen meinen Kindern einmal vor, wie respektlos es sei, wenn sie die frisch gebügelte Wäsche nicht in den Schrank räumten. Durch die Blume machte ich also die Kinder dafür verantwortlich, dass es mir schlecht ging. Damit wiederholte ich, was ich selbst erfahren hatte. Sobald wir das Gefühl haben, die Verantwortung für unser Leben nicht selbst in der Hand zu haben, fühlen wir uns auf emotionaler Ebene machtlos und beginnen zu meckern. Erst nur still in unseren Gedanken und wenn uns das nicht genügend Erleichterung verschafft auch laut und mit anderen. Wir machen die Kinder verantwortlich, schließlich sind sie ja auch so anstrengend oder schwierig. So führen wir den Teufelskreis, den viele von uns selbst erlebt haben, weiter fort.

Der zweite Grund, warum wir meckern, besteht also darin, dass wir verlernt haben, uns machtvoll zu fühlen und wirklich die Verantwortung für unser eigenes Leben zu übernehmen.

Gemecker entsteht weiterhin aufgrund unerfüllter Erwartungen. Erwartungen, die wir gegenüber anderen Menschen haben und die diese nicht erfüllen. Erwartungen sind unsere Vorstellungen, wie etwas sein sollte. Sobald ich glaube, dass mein Glück vom Verhalten anderer Menschen abhängig ist, kann ich nur dann glücklich sein, wenn andere Menschen meine Erwartungen erfüllen. Da wir nicht selten davon ausgehen, dass alle Menschen die Welt genauso wahrnehmen wie wir selbst, reagieren wir genervt oder verärgert, wenn sie davon abweichen und unsere Erwartungen nicht erfüllen. Wir fühlen uns dann angegriffen oder abgelehnt. Kennst du das? Du bist der Meinung, der andere müsse eine Sache auf jeden Fall wissen – schließlich hast du ihm dies schon x-fach gesagt? Dahinter verbirgt sich die Annahme, der andere erfülle unsere Erwartungen absichtlich nicht.

Kennst du die *Man*-Regeln? Man isst abends nichts Süßes. Man sagt Bitte und Danke. Man macht dies und man macht jenes. In all diesen Aussagen drücken sich Wertvorstellungen aus, die wir als Kinder von unseren Eltern oder Lehrern übernommen haben – ohne sie jemals auf ihre Sinnhaftigkeit überprüft zu haben. Man sitzt nicht *auf* dem Tisch zum Beispiel. Aber warum denn bitte nicht? Okay, vielleicht ist der Tisch aus Glas und deswegen zu instabil. Dann ist die Regel oder die Erwartung, nicht darauf zu sitzen, bestimmt sinnvoll und nachvollziehbar. Aber ganz viele dieser Man-Regeln sind recht willkürlich oder aus heutiger Sicht gar nicht mehr nachvollziehbar. Ich bin zum Beispiel zu Beginn unserer Beziehung mal völlig ausgeflippt, weil Bernd den von mir gebackenen Christstollen mit Butter bestrichen hatte. Das war bei ihm zu Hause absolut üblich, für mich jedoch war es Frevel gegenüber meinem Stollen. Das macht *man* doch nicht! Solche „mans" sind verantwortlich für so viel Gemecker in Familien.

Beobachte gerne einmal deinen eigenen Alltag, wie viele Erwartungen oder Regeln du damit begründest, dass *man* das eben so macht. Verabschiede dich, wenn möglich, von diesen Man-Regeln. Du wirst staunen, wie viel leichter dein Alltag dadurch wird.

Zusammenfassend lässt sich sagen, dass Gemecker dann entsteht, wenn wir uns selbst nicht gut fühlen. Sobald wir Angst haben, uns Sorgen machen, uns kritisiert fühlen oder glauben, etwas nicht zu schaffen, verändert sich unsere Stimmungslage. Wir verlieren unsere innere Balance und glauben, Gemecker würde uns dabei helfen, sie wiederzuerlangen. Was genau im Gehirn und im Körper passiert, wenn wir meckern, bzw. wie unser Gemecker in unserem Kopf entsteht, schauen wir uns im nächsten Kapitel an.

Bernds Blick

Die „Misthaufenaustauschbörse“ wollte ich einige Zeit wirklich nicht aufgeben. Zu schön, zu wohlig, zu bequem war dieser ganze Problemtalk. Die Haltung „Die Umstände/die anderen sind schuld“ war wie ein gemütliches Plüschsofa, das mich von der eigenen Verantwortung befreite. Im Nachhinein war jede Stunde, die ich auf diesem Sofa verbracht habe, pure Verschwendung. Irgendwann merkte ich, wie schwer, zäh und rückwärtsgewandt mein Leben dadurch war, und habe diese Haltung Schritt für Schritt geändert.

Ich erinnere mich noch so gut an die Butter auf dem Stollen. Weil wir heute so herzlich darüber lachen können. Doch zeigt diese Lappalie sehr schön, wie leicht Gemecker entsteht, wenn wir Dinge persönlich nehmen. Nicht, weil die andere Person es persönlich meint, sondern weil wir es so interpretieren. Das gemütliche Sofa bietet auch hierfür einen bequemen Rückzugsort, weil ja der andere das Gefühl in mir verursacht. Die Erkenntnis, dass ich es bin, der etwas persönlich nimmt, ist zwar unangenehm und unbequem. Andererseits macht es mein Leben um ein Vielfaches leichter und entspannter, wenn ich meinen Verantwortungsbereich kenne.

Äußeres Gemecker ist die Folge von innerem Gemecker

Die spannendste Frage angesichts all dieses Gemeckers ist, woher es eigentlich kommt. Es fällt ja nicht vom Himmel. Wie also kommt es, dass wir uns immer wieder Sätze sagen hören, die wir nie in den Mund nehmen wollten? Sätze wie „Stell dich nicht so an …“ oder „Mach schneller!“ oder „Das macht man nicht“, die quasi aus dem Nirgendwo aus uns herausströmen. Oder dass wir Dinge sagen, von denen wir längst wissen, dass sie Unsinn sind oder andere verletzen? Im letzten Kapitel haben wir ja schon einige Ursachen für Gemecker benannt. Jetzt geht es noch detaillierter darum zu erkennen, wo dieses Gemecker herkommt. Und vor allen Dingen, wie es sich in den Griff kriegen lässt?

Wir Eltern sind ja keine Maschinen. Wir reagieren nicht jeden Tag gleich, denn auch nicht jeder Tag ist gleich. Wer glaubt, dass Kinder Eltern brauchen, die immer alles auf dieselbe Art und Weise tun, ist auf dem Holzweg. Es ist menschlich, dass das gleiche Verhalten deines Kindes völlig unterschiedliche Reaktionen bei dir hervorrufen kann. Den einen Tag versteckt sich dein Kind und erschreckt dich und weil du dich selbst momentan sehr ausgeglichen fühlst, kannst du auf den Spaß einsteigen. Ihr lacht euch kringelig. An einem anderen Tag bist du vielleicht angespannter und wenn das Kind aus der Ecke springt, lässt du vor Schreck gleich ein Donnerwetter los. Zweimal die gleichen Situationen, dennoch reagierst du völlig unterschiedlich. Bestimmt fallen dir noch mehr Beispiele von Situationen aus deinem Alltag ein, in denen du unterschiedlich reagiert hast.

Wenn also die gleiche Situation mich zu verschiedenen Reaktionen veranlassen kann, dann muss es eine Instanz in mir geben, die meine Reaktion maßgeblich bestimmt. Das ist eine erste wichtige Erkenntnis, wenn wir verstehen wollen, wo Gemecker herkommt: Gemecker entsteht *in* uns. Es ist nicht die äußere Situation, die uns motzig werden lässt. Ob wir meckern oder nicht, hängt damit zusammen, welchen Nährboden wir dem Ganzen bieten, was wir denken und wie wir fühlen.

Im ersten Schritt richten wir den Blick dabei auf unsere Gedanken. Was ist ein Gedanke überhaupt? Und welche Gedanken denken wir, wenn wir meckern? Ein Gedanke ist die Sprache des Gehirns. Er ist ein in Worte gefasstes inneres Bild. Wenn ich dich bitte, an einen rosaroten Elefanten mit einem Ball auf dem Rüssel zu denken, dann siehst du dieses Bild vor deinem inneren Auge, richtig? An etwas zu denken bedeutet, sich etwas vor dem inneren Auge vorzustellen. Das machen wir bewusst oder unbewusst viele, viele Male am Tag. Genau genommen denken wir zwischen 60 000 und 80 000 Gedanken – pro Tag.[13] Das sind im Schnitt pro Minute um die 50 Gedanken, sofern wir die Schlafenszeit mitrechnen. Wer schon mal versucht hat zu meditieren, kennt vielleicht die Schwierigkeit, die eigenen Gedanken zu stoppen. Oder wer nachts nicht schlafen kann, kennt das vielleicht auch: Gedankenspiralen, Worst-Case-Szenarien, Sorgenkino vom Feinsten. Ich kenne dies von mir selbst auch so gut. Dieses Sich-Sorgen-Machen oder Angsthaben. Abends im Bett den Tag Revue passieren lassen und sich dabei vor allem auf die unguten Momente fokussieren. Da entsteht sehr schnell ein Bündel aus negativen Gedanken – Mindfuck, BullshitFM oder wie auch immer du es nennen möchtest. Wissenschaftler haben sogar herausgefunden, dass von allen Gedanken, die wir im Laufe des Tages denken, nur zwei bis drei Prozent positiv sind. Wir haben also gewissermaßen einen Negativsender in unserem Kopf.

Wir treffen negative Vorannahmen für die Zukunft und setzen uns damit selbst unter Druck. Vielleicht kennst du die folgende oder ähnliche Situationen: Du kommst später nach Hause als geplant und fühlst dich schon allein deshalb angespannt. Auf dem Heimweg erinnerst du dich daran, dass du mit deinem Kind vereinbart hattest, dass es bis zu deiner Rückkehr seine Hausaufgaben erledigt haben sollte. Du denkst: „Da bin ich ja mal gespannt, ob die Aufgaben gemacht sind. Bestimmt war Lego wieder spannender. Und wer weiß, ob mein Mann sich darum gekümmert hat. Beim letzten Mal hat es ja auch nicht geklappt. Mann, bestimmt bekommen wir gleich Stress. Dabei wollte ich mit den Kindern doch eigentlich noch picknicken.

---

13 Heimsoeth, Antje; Hockling, Sabine: Wir sind auf Fehler fokussiert, in:. Zeit Online, 15.08.2015, www.zeit.de/karriere/beruf/2015-08/positives-denken-karriere-job?utm_referrer=https%3A%2F%2Fwww.google.com%2F

Das kann ich jetzt sicher vergessen …" Bis du zu Hause angekommen bist, bist du schon auf Hundertachtzig, weil du felsenfest davon ausgehst, dass die Hausaufgaben definitiv nicht gemacht sind. – Wir kreieren also ein ganzes Bündel negativer Gedanken, das einzig und allein auf negativen Vorannahmen basiert. Faktisch geschehen ist noch nichts. Aber wir haben unser Gehirn schon gut beschäftigt, und zwar sehr nachteilig.

Solche Gedanken sind unsere innere Stimme. Leider spricht sie in vielen Fällen eher kritisierend als bestärkend zu uns und neigt dazu, Worst-Case-Szenarien zu schaffen. So setzen wir uns selbst immer wieder unter Stress. In der Folge fühlen wir uns innerlich angespannt und beginnen mit innerem Gemecker. Dieses innere Gemecker richtet sich wechselweise gegen uns selbst oder gegen andere. Negative Selbstgespräche, innere Dialoge mit uns selbst, sind die Grundlage für unser Gemecker nach außen. Inneres Gemecker erzeugt also äußeres Gemecker.

Erschwerend kommt hinzu, dass uns nur ein Bruchteil all unserer Gedanken bewusst ist. In der Forschung geht man von maximal 20 bis 25 Prozent aus. Die restlichen rund 55 000 Gedanken, die wir täglich denken, sind unbewusst. Das bedeutet, wir bemerken sie selbst nicht. Und dennoch sind sie da. Auch wenn du glaubst, dein Gemecker entstünde von selbst, gab es zuvor mit Sicherheit Gedanken, die du gedacht hast. Sonst wäre kein Gemecker möglich. Denn alles, was du sagst, war zuvor ein Gedanke. Unsere gesamte Realität wird letztlich durch unsere Gedanken erschaffen.

Wir begleiteten zum Beispiel einmal eine Familie, deren Sohn den Schulbesuch verweigerte. Nachdem er schon einige Wochen nicht mehr zur Schule gegangen war, fiel es den Eltern zunehmend schwerer, daran zu glauben, dass das Kind jemals wieder ganz selbstverständlich zur Schule gehen könnte. Die inneren Dialoge der Eltern kreisten den ganzen Tag und die halbe Nacht um dieses „Problem". Alle Gedanken waren auf die Weigerung des Kindes, zur Schule zu gehen, gebündelt. Sie kreierten ihre Zukunft aus der Vergangenheit, aus ihren Erfahrungen und erschufen damit – zumindest gedanklich – immer und immer wieder dieselbe unerwünschte Realität. Dabei suchten sie den Fehler wechselweise beim Kind oder bei sich selbst.

Durch die intensive Zusammenarbeit mit uns haben wir es geschafft, dass das Kind mittlerweile wieder gerne zur Schule geht. Ganz wichtig dabei war die Veränderung des inneren Dialogs der Eltern. Das Abstellen des inneren Gemeckers.

Der erste Schritt hin zu einem #gemeckerfreien Alltag ist, sich seiner Gedanken bewusst zu werden und zu versuchen, den Fokus weg von der negativen inneren Stimme hin zu einer positiven inneren Begleitung zu verändern. Denn – Joe Dispenza bringt es gut auf den Punkt: „Ändern Sie Ihren Geist, dann verändern Sie Ihr Leben!"[14]

Bernds Blick
Früher, als unsere beiden jetzt erwachsenen Kinder im Kita-Alter waren, hatte ich oft den Eindruck, zwei völlig unterschiedliche Seiten in mir zu haben. Einerseits war da der energiegeladene Papa, der alles, was die Kinder auch anstellten, wie laut sie auch waren, was für verrückte Ideen sie auch hatten, einfach mitgemacht und wenn nötig weggelacht hat. Und auf der anderen Seite gab es den Papa, der schnell anfing zu meckern und zurechtzuweisen. Heute weiß ich, dass ich es selbst – unbewusst – gesteuert habe, welcher Teil von mir gerade auf der Bühne war. Denn mein innerer Dialog hat jeweils bestimmt, wie ich mich gefühlt habe und in welcher Energie ich gerade war.

14 Joe Dispenza, Ein neues Ich, Burgrain 2012, S. 69.

Das Lebensrestaurant

Was meint der amerikanische Neurowissenschaflter Joe Dispenza damit, wenn er sagt „Ändern Sie Ihren Geist, dann verändern Sie Ihr Leben"? Und vor allen Dingen, wie geht das? Zum Beispiel in Zeiten, in denen es viel Gemecker oder Streitereien gibt. Wie können wir in solchen Momenten unsere Gedanken ändern? Wie können wir dies so umsetzen, dass tatsächlich ein entspannterer Alltag die Folge ist? Denn keine negativen Gedanken mehr zu denken, ist ja erst mal leichter gesagt, als getan.

Als ich das erste Mal davon hörte, dass nur zwei bis drei Prozent unserer Gedanken positiv sind, war ich völlig perplex. Das wollte ich nicht hinnehmen. Ich wollte sofort Wege finden, die Anzahl meiner positiven Gedanken zu erhöhen – oder zumindest versuchen, den Anteil meiner bewussten Gedanken zu erhöhen. Dann wären meine Gedanken zwar vielleicht immer noch negativ, aber ich würde sie wenigstens schon mal bemerken. Ein möglicher Weg dorthin war, mir selbst mehr zuzuhören. Ich bemühte mich also, Stille auszuhalten, drehte die Musik aus und lauschte meiner eigenen inneren Stimme. Das war mitunter ganz schön herausfordernd, denn mein innerer Negativsender – mein BullshitFM – sendete in einer Tour vor sich hin. Dabei hatte ich gedacht, ich würde schon vergleichsweise viel positiv denken. Es war mir ausgesprochen unangenehm festzustellen, wie oft ich negative Gedanken dachte. Ich fühlte mich ausgeliefert und wollte am liebsten weglaufen. Aber ich habe weiter hingehört, mir selbst wie ein staunendes Kind zugehört und gelernt, mich selbst immer weniger zu bewerten. Stattdessen baute ich eine gewisse Distanz zu meinen Gedanken auf. Denn wir sind nicht unsere Gedanken, wir haben sie nur. Welche Gedanken wir denken, ist unsere Entscheidung. Wenn ich also feststelle, dass ich etwas denke, das ich gar nicht denken will, kann ich mir selbst ein imaginäres Stoppschild vorhalten: „Halt! Stopp! – will ich das wirklich denken?" Und wenn ich feststelle, dass ich das, was ich gerade denke, nicht denken will, kann ich mich bewusst entscheiden, etwas anderes zu denken. Der Schlüssel ist also, die eigenen Gedanken zu managen und immer und immer wieder in die Richtung zu lenken, in die ich denken will. Denn genau darum geht es bei #gemeckerfrei: um ein Leben, insbesondere ein Familienleben, das so ist, wie du es dir wünschst. Wie du es haben möchtest.

Lass uns mal für einen kurzen Moment einen Abstecher in dein Lieblingsrestaurant machen. Stell dir vor, du sitzt über die Speisekarte gebeugt am Tisch und überlegst, was du heute essen willst. Aber du kannst dich nicht entscheiden. Der Kellner kommt und fragt, was du bestellen möchtest – doch du zuckst nur mit den Achseln. Er wartet ein paar Minuten und kommt erneut zu deinem Tisch, um nach deinen Wünschen zu fragen. Jetzt erzählst du ihm, was du auf gar keinen Fall essen magst. Doch auch das reicht für eine Bestellung nicht. Nur wenn du auswählst und klar und deutlich formulierst, was du gerne hättest, kann der Kellner dir deinen Wunsch erfüllen. Nachdem dir das gelungen ist und der Kellner deine Bestellung aufgenommen hat, wartest du geduldig, bis das Essen kommt. Weder fragst du den Kellner alle drei Minuten, wie lange es noch dauert, noch rennst du ständig in die Küche, um zu überprüfen, ob auch alles klappt. Und du bestellst auch nicht ständig um. Stattdessen sitzt du am Tisch, unterhältst dich, genießt den schönen Moment und weißt, dass dein Gericht bald kommen und wie immer vorzüglich schmecken wird.

Und genau so ist es auch in unserem Leben: Wenn wir nicht wissen, was wir wollen, oder nur wissen, was wir nicht wollen, kann der Kellner unseres Lebensrestaurants uns nicht bedienen. Nur wenn wir exakt wissen, was wir erleben wollen, können wir uns das Leben unserer Träume erschaffen. Wir geben unsere Bestellung auf und warten geduldig auf die Lieferung, ohne an der Zustellung zu zweifeln. Oder wie der kanadische Autor Bob Proctor es formuliert: „Alles, was in Ihr Leben kommt, ziehen Sie selbst in Ihr Leben herein. Es wird zu Ihnen gezogen aufgrund der Bilder, in denen Sie denken. Es ist, was Sie denken. Was immer in Ihrem denkenden Geist vorgeht, ziehen Sie zu sich heran."[15] Das Gesetz der Anziehung gilt demnach als ebenso mächtiges Naturgesetz wie das Gesetz der Schwerkraft.

Du erinnerst dich bestimmt an das Gesetz der Anziehung (siehe „Rückschlag und Tiefpunkt", Seite 65): Dort haben wir beschrieben, dass Gleiches Gleiches anzieht. Es ist wie bei einem Radio, das du auf der richtigen Frequenz einstellen musst, um den gewünschten Sender zu empfangen. Ist der Sender verstellt, kommt nur Rauschen. Genauso verhält es sich im Leben. Solange wir nicht wissen, was wir wollen, kann das Gesetz der Anziehung nicht für mich arbeiten. Ich kann keinen Radiosender einstellen, wenn ich die Frequenz nicht kenne. Viele Menschen haben jedoch verlernt zu träumen. Sie haben keine Vorstellung davon, was sie erleben möchten, und wissen nur, was sie auf gar keinen Fall wollen. So erging es auch uns (siehe „Geplatzte Träume", Seite 49). Die gute Nachricht ist, dass jeder es wieder neu lernen kann. Die Zauberfrage, die dir dabei helfen kann, lautet: „Wie will ich es haben?" Diese Frage kannst du ruhig in Dauerschleife denken. Denn so schlägst du zwei Fliegen mit einer Klappe: Erstens ist dein Geist damit beschäftigt und kann keine negativen Gedanken denken. Und zweitens öffnen Fragen deinen Geist für neue Möglichkeiten. So kannst du beginnen, deine Gedanken bewusst zu steuern und die Macht deiner Gedanken für dich zu nutzen.

Der erste Schritt, um das Gesetz der Anziehung für sich zu nutzen, ist also, eine Frage zu stellen. Zum Beispiel die Frage „Wie will ich es haben?" oder auch eine konkretere Frage wie „Wie kann es gelingen, dass die Kinder heute fröhlich miteinander spielen?". Statt dir Sorgen zu machen, dass die Kinder streiten könnten, richtest du deinen Fokus auf das Bedürfnis da-

---

15 Byrne, Rhonda: The Secret – Das Geheimnis. Kindle-Ausgabe, München 2012.

hinter. Sobald du deine Frage gestellt hast, ist deine „Bestellung“ aufgegeben. Wenn es dir nun noch gelingt, entspannt darauf zu vertrauen, dass die „Lieferung“ auch eintreffen wird, wirst du dein gewünschtes Ergebnis bald erleben.

Der zweite Schritt ist zu „glauben“. Du darfst also sicher sein, dass dein anvisiertes Ergebnis Teil deiner Realität wird. So wie du auch sicher bist, dass der Kellner dir das bestellte Gericht servieren wird. Dann wird genau das auch geschehen und du kannst zu Schritt drei übergehen: dem Erleben deiner zuvor erdachten neuen Realität. So kannst du mithilfe deiner Gedanken und deiner Gefühle, um die es in den nächsten Kapitel gehen wird, beginnen, dein Familienleben nach deinen Vorstellungen und Wünschen zu gestalten.

Unseren Teilnehmern stellen wir dazu gerne die Aufgabe, sich ihren besten Familienalltag vorzustellen. Einmal aufzuschreiben, wie ihr Familienleben überhaupt aussehen soll. Oder sogar gemeinsam als Paar oder mit älteren Kindern gemeinsam zu beschreiben, wie ihre Familienvision aussieht. Damit entwickeln sie sozusagen ein Zielbild für ihr privates Leben. Denn wir entwerfen zwar Pläne für unsere Häuser, setzen uns Ziele im Beruf, planen unsere Finanzen, selbst mit meiner Friseurin bespreche ich, wie ich die Haare geschnitten haben will, – nur unsere Beziehungen und unser Familienleben sollen einfach von ganz alleine großartig werden? Das ist doch verrückt und unrealistisch! Probier es gern einfach mal aus. Schreibe auf, wie du dir dein Familienleben vorstellst und plant es dann gemeinsam.

Manchmal werden wir von kritischen Teilnehmern gefragt, was diese Übung denn bringen soll. Darauf gibt es zwei Antworten. Zum einen ist es gerade in schwierigen Phasen hilfreich, wenn wir immer Bilder unserer Zielvorstellung vor Augen haben. Wie beim Marathon: Gerade wenn es hart wird, darfst du die Ziellinie nicht aus den Augen verlieren. Auch in unserer eigenen Familie haben uns unsere gemeinsamen Bilder gerade auch in schwierigen Zeiten sehr geholfen. Zum anderen erschaffen wir alles, was ist, zweimal. Einmal als Bild in unserer Vorstellung und einmal als tatsächlich erlebte Wirklichkeit. Wie das gelingt und du deine Vorstellung Realität werden lässt, zeigen wir dir in den nächsten Kapiteln.

Bernds Blick

Es kann sein, dass es dir anfangs unmöglich erscheint, dir vorzustellen, wie du „es“ haben willst. Ich kann mich gut daran erinnern, dass sich in mir damals bei dieser Frage fast alles sträubte. Warum? Ich möchte dir eine ganz ehrliche Antwort geben, da ich mir gut vorstellen kann, dass es dir vielleicht genauso oder so ähnlich geht. Die Antwort ist: Weil ich keinen Schimmer hatte, wie ich es haben wollte. Weil ich viel zu sehr davon eingenommen war, was ich als Realität empfunden habe. Und weil ich glaubte, diese Realität sei nicht veränderbar. Das war meine Wahrheit. Und damit die Wahrheit in meinem Leben. Denn das ist das Gemeine an Glaubenssätzen: Wir erkennen sie bei uns selbst nicht. Wir akzeptieren sie als „die Wahrheit“. Und diese erscheint uns gesetzt und unveränderlich.

Erst wenn du begreifst, dass die Realität etwas ist, das du dir erschaffst, kannst du dir erlauben, etwas zu wollen. Diese Erkenntnis war für mich ein bedeutsamer Schlüsselmoment und der Beginn einer Reise in ein Land, in dem sich Träume erfüllen können.

Wer meckert, hat vergessen, wie großartig er ist

Nachdem wir uns in den letzten Kapiteln den Gedanken als Sprache des Gehirns gewidmet haben, werden wir uns jetzt unseren Gefühlen, der Sprache des Körpers, zuwenden. Denn unsere Gefühle sind – neben unseren Gedanken – der zweite Auslöser für Gemecker. Du kennst das bestimmt von dir selbst: Wenn du dich rundum wohlfühlst und glücklich bist, muss sehr viel mehr passieren, bevor du zu meckern beginnst, als wenn du angespannt, überreizt oder gestresst bist. Um uns selbst und die Entstehung unseres Gemeckers besser verstehen zu können, betrachten wir unsere Emotionen zunächst einmal danach, wie sie entstehen und auf unseren Körper wirken. Im Anschluss daran wollen wir aufzeigen, wie Menschen bestimmte Emotionen und damit verbundene Reaktionen erlernen und was das für den Familienalltag bedeutet.

Frei nach dem amerikanischen Psychologen Carl Rogers (1902–1987) ist ein Gefühl eine spontane innere Reaktion in mir – auf eine Person, eine Örtlichkeit oder eine Situation, die ich erlebe oder an die ich denke. Es handelt sich dabei um eine Gemütsbewegung, die das Verhalten steuert und uns Menschen dabei unterstützt, uns an eine bestimmte Situation anzupassen. Hier kann man beispielsweise an den Fluchtreflex denken, der unsere Vorfahren beim Anblick eines wilden Tieres durch die Ausschüttung bestimmter Neurotransmitter hat weglaufen lassen. Unsere Gefühle entstehen im limbischen System und drücken sich durch spezifische Muskelaktivitäten aus. Die „Schmetterlinge im Bauch" beim Anblick des Angebeteten oder das Händekneten in einer unangenehmen Situation sind Beispiele dafür. Je intensiver die Emotion, desto stärker ist die körperliche Reaktion, unabhängig davon, ob es sich um positive oder negative Gefühle handelt. Wir speichern Erfahrungen folglich neurologisch als Erinnerung im Geist und chemisch als Emotion im Körper ab.

Wir alle haben im Lauf unserer Kindheit unterschiedliche Emotionen erlernt, die wir immer wieder replizieren und die ausschlaggebend sind für unser Verhalten als Mama oder Papa und eben auch für unser Gemecker. Lass uns deshalb einmal gemeinsam an den Beginn unseres Lebens als Mensch reisen: Im Idealfall kommt ein Baby zur Welt und wird von seinen Eltern herzlich willkommen geheißen. Es wird bewundert, geliebt, geschätzt. Die Eltern lassen das Baby fühlen, wie sehr sie sich an ihm erfreuen, wie wertvoll seine Existenz für sie ist. Und zwar vollkommen losgelöst von seinem Verhalten. Wir Eltern lieben unser Kind so bedingungslos wie nur irgend möglich. Anfangs beobachten wir staunend, wie das Baby beginnt, wacher zu schauen oder die Kontrolle über sein Köpfchen zu erobern. Niemals kämen wir auf die Idee, unser Baby weniger zu lieben, nur weil es den Kopf noch nicht alleine halten kann. Im Laufe der ersten Monate und Jahre beginnt sich dieses Gefühl der bedingungslosen Liebe zu wandeln. Zunächst beginnen wir bewusst oder unbewusst, das Kind mit anderen Babys zu vergleichen. Wir bemerken, dass unser Kind vielleicht etwas noch nicht kann, was es aber altersgemäß längst können sollte, und fangen an, die eine oder andere Sorge zu entwickeln. Später, wenn das Kind im Hochstuhl sitzt und zum fünfzigsten Mal den Becher auf den Boden wirft, das Wasser ausspuckt oder das Essen verschmiert, bekommt unsere bedingungslose Liebe zu diesem Kind erste zarte Risse. Wir fangen an, genervt zu reagieren – besonders wenn wir den Eindruck haben, das Kind mache all das absichtlich. Im Verlauf der Kindheit wird es mehr und mehr Situationen geben, in denen wir uns an dem Kind stören, uns aufregen, schimpfen oder wütend werden. In der Folge macht das Kind die Erfahrung, dass sich das Zusammensein mit seinen Eltern manchmal wohlig anfühlt und manchmal unangenehm. Wenn die Liebe frei fließen kann, fühlt es sich gut. Andernfalls fühlt es sich schlecht. Wir Mensch tragen das Bedürfnis nach Liebe, Wertschätzung und Zugehörigkeit in uns. Also empfindet das Kind positive Emotionen, wenn diese Bedürfnisse erfüllt werden. Bleiben sie jedoch unerfüllt, entwickelt das Kind negative Gefühle. Das Kind beobachtet und lernt. Es zieht Schlussfolgerungen, wann es geliebt wird und wann nicht. Es lernt, welche seiner Verhaltensweisen welche Reaktionen hervorrufen. Es entwickelt Gedanken darüber, wann es liebenswert ist, welche Leistung es erbringen sollte, um geliebt zu werden oder Anerkennung zu bekommen. Je öfter sich diese Erfahrungen replizieren, desto eher wird aus einem Gedanken ein Glaubenssatz – ein Gedanke, der viele Male wiederholt wurde. Dieser wird zu einer Gewohnheit. Da diese Gewohnheiten im Verlauf der Kindheit so subtil eingeübt werden, können wir in der Regel nicht bewusst darauf zugreifen. Stattdessen treiben sie in unserem Unterbewusstsein ihr Unwesen. Werden wir dann selbst Eltern, führt das dazu, dass bestimmte Verhaltensweisen unserer Kinder in uns Gefühlsreaktionen hervorrufen, die uns bis dato selbst unbekannt sind. Wir durchleben Situationen, die uns daran erinnern, dass wir nicht gut genug oder nicht liebenswert sind. Dies ruft negative Gefühle in uns wach. Alte Verletzungen kommen in uns hoch, wir fühlen uns schlecht und kritisieren uns selbst. Der innere Kritiker in uns tritt auf den Plan. Durch die so entstehenden negativen Gefühle sinkt unser Energieniveau ab und wir verfallen leicht in Gemecker. Vor allem aber haben wir in solchen Situationen vergessen, wie wundervoll und liebenswert wir sind.

Niemand meckert, solange er sich gut fühlt. Um unser Gemecker zu reduzieren, müssen wir also einen Weg finden, uns öfter gut zu fühlen, und uns an unsere eigene Großartigkeit erinnern. Wir müssen die Mechanismen negativer Gedanken und Gefühle durchbrechen. Ein erster Schritt hierzu kann sein, dass du dir grundsätzlich bewusst machst, dass wir, wenn wir meckern, letztlich nur vergessen haben, wie großartig wir sind. Das gilt sowohl für dich selbst als auch für deinen Partner oder deine Kinder. Anstatt mit Gemecker auf das Geschrei des Kindes zu reagieren, kannst du einfach mal ausprobieren, was geschieht, wenn du dein Kind in diesem Moment daran erinnerst, wie großartig es ist. Zusätzlich kannst du darauf achten, das Kind im Alltag häufiger zu bestärken. Du wirst sehen, dass schon solche kleinen Veränderungen Wunder bewirken.

Bernds Blick

Als ich zum ersten Mal davon gehört habe, dass es wichtig sei, mir meiner Großartigkeit bewusst zu werden, war ich skeptisch. Ich dachte: Wenn ich großartig bin, bin ich ja so toll, dann brauche ich gar nicht mehr besser zu werden. Aber natürlich wollte ich nicht arrogant wirken und fand es deshalb besser, mich mal lieber nicht so großartig zu fühlen.

Es war die Musik, die mir wieder einmal gezeigt hat, worum es wirklich geht. Denn als Musiker muss ich einerseits auf der Bühne oder im Studio völlig überzeugt sein von dem, was ich tue, von meiner Musik. Ich muss tatsächlich denken und fühlen, dass ich großartig bin. Nur dann kann ich die Zuhörer berühren. Wenn ich andererseits zu Hause mit mir und meinem Instrument alleine bin, dann höre und fühle ich sehr wohl, wo meine Baustellen sind.

Aus einer leeren Tasse kann man nichts trinken

Um unseren Kindern glaubhaft vermitteln zu können, dass sie großartig sind, müssen wir es von uns selbst ebenfalls glauben. Denn unsere Kinder orientieren sich weniger an dem, was wir sagen, als an dem, was wir sind. Wenn wir Eltern an uns zweifeln, uns kritisieren oder infrage stellen, dann lernen unsere Kinder, dass Erwachsene genau das tun. Und sie ahmen uns nach. Deshalb ist dein inneres Wohlgefühl einer der wichtigsten Schritte auf dem Weg in deinen #gemeckerfreien Alltag. Obwohl wir alle wissen, dass niemand perfekt ist, müssen wir die Fähigkeit entwickeln, uns gut zu fühlen. Gerade als Eltern gleicht das fast der Quadratur des Kreises. Denn natürlich wollen wir die besten Eltern für unsere Kinder sein. Selbstverständlich wollen wir ihnen die besten Startvoraussetzungen bieten. Gleichzeitig stehen wir fast täglich vor neuen Herausforderungen und haben keinen blassen Schimmer, wie wir diese am besten bewältigen. Eine Zeit lang war mein Standardsatz Kind 1 gegenüber der Folgende: „Liebes Kind, ich bin gerade zum ersten Mal Mama einer oder eines xy-Jährigen. Ich habe keine Ahnung, wie das geht. Also müssen wir gemeinsam einen Weg finden, um mit dieser Situation umzugehen." In unserer Arbeit erleben wir viele Eltern, die sich selbst enorm unter Druck setzen. Hier hilft der Gedanke: „Ich habe mein Bestes gegeben und es geht noch besser." Das sagt für mich alles aus. Denn natürlich will ich aus meinen Erfahrungen lernen. Ich entwickle mich gerne weiter, ich werde gerne besser. Jedoch ohne mich ständig selbst zu kritisieren oder schlecht zu fühlen. Denn Selbstkritik führt leicht dazu, dass du genau die Bestellungen abschickst, die du nicht empfangen möchtest.

Mittels deiner Gedanken und deiner Gefühle kannst du deinen perfekten Familienalltag zuerst in deiner Fantasie und dann in deiner Realität erschaffen. Deine Gedanken geben das Ziel vor, deine Gefühle bereiten den Weg. Du kannst kein Ziel erreichen, wenn du dich unterwegs ständig schlecht fühlst oder dich für unzureichend hältst. Das wäre Selbstsabotage. Um einen #gemeckerfreien Alltag zu gestalten, musst du wissen, wie du mit deiner Familie leben möchtest. Was dir wichtig ist. Wie euer Alltag aussehen soll. Und – mehr noch – du musst es fühlen. Du musst dich heute schon gut fühlen und eine Vorstellung davon haben, wie es sein wird, wenn du dein Ziel erreicht hast.

Wenn es in unserem Alltag gerade superanstrengend ist, ist es gut, erst einmal eine Pause einzulegen und wieder Kraft zu schöpfen. Allzu leicht geraten wir gerade dann, wenn es anstrengend wird, in eine „Wenn-dann-Schleife“. Erst wenn das Kind durchschläft, wenn Corona vorbei ist, wenn ich einen Job habe …, kümmere ich mich um mich. Nein! Stopp! Das geht immer schief. Wir sollten besser sofort anfangen, dafür zu sorgen, dass wir uns besser fühlen. Wir können um Unterstützung bitten und zum Beispiel unserem Partner erzählen, wie wir uns wirklich fühlen. Das ist kein Versagen, sondern menschlich. Als Mamas oder Papas sind wir keine Übermenschen. Es ist normal, erschöpft zu sein. Eltern zu sein ist zugleich eine große Herausforderung und ein großes Geschenk. Und wir können unseren Kindern dann am besten dienen und für sie da sein, wenn wir auf unser eigenes inneres Wohlgefühl achten. Wenn wir uns selbst guttun. Denn aus einer leeren Tasse kann man nichts trinken. Du kannst keine gute Mama, kein guter Papa sein, wenn du selbst dauerhaft auf dem Zahnfleisch kriechst. Und zudem wollen wir unseren Kindern ja auch nicht vorleben, dass Eltern zu sein bedeutet, ausgebrannt zu sein oder sich aufzuopfern.

Als unsere Kinder noch klein waren, wurde ich richtiggehend wütend, wenn mir jemand vorschlug, ich solle mir Zeit für mich nehmen und mal wegfahren. Es war so unrealistisch. So weit weg. So unvorstellbar. Wir haben die Erfahrung gemacht, dass wir auch zu Hause im Alltag mit unseren Kindern unsere Tasse auffüllen können. Denn es ist immer alles in uns. Wir brauchen keine andere Umgebung, keinen Tapetenwechsel, um uns gut fühlen zu können. Intensive Paarzeit kann auf dem Sofa im Jogginganzug genauso erfüllend sein wie in der angesagten Bar oder im Restaurant. Sich gegenseitig attraktiv finden, geht verknittert am Morgen genauso wie im schicken Kleid oder Anzug. Es sind die Kleinigkeiten im Alltag, mit der wir unsere Tassen füllen. Die liebevolle Geste, der fürsorgliche Blick, der Kaffee am Morgen, die fünfzehn Minuten kinderfrei im Bad. Die

Freude über ein frisch geputztes Bad oder die Dankbarkeit für die Feuerstelle im Garten. All diese Kleinigkeiten summieren sich zu einer vollen Tasse.

Was zunächst mehr Mittel zum Zweck war, erwies sich als großartiges Geschenk. Denn wir haben alles in uns. Während ich diese Zeilen schreibe, ist gerade Lockdown und mir kommt diese Routine, mein eigenes Wohlgefühl aus mir heraus erzeugen und aufrechterhalten zu können, so sehr zugute. Von daher bin ich rückwirkend so dankbar dafür, dass wir als junge Eltern ganz auf uns alleine gestellt waren.

Der einfachste Weg, dein inneres Wohlgefühl zu stärken, besteht darin, dass du beginnst zu träumen. Dass du dir deinen perfekten Familienalltag vorstellst, am besten wie einen Kinofilm. Du badest in den Gefühlen, die diese Vorstellung in dir erzeugt, und füllst alleine dadurch deine Tasse auf. Du wirst sozusagen zu der Person, die den perfekten Alltag erleben darf. Wichtig dabei ist, dass du dich richtig gut fühlst, während du in deinen Vorstellungen schwelgst. Denn für dein System spielt es keine Rolle, ob du etwas nur in deiner Vorstellung oder real erlebst. Du kannst dich verliebt fühlen, wenn du wirklich verliebt bist, oder du kannst dir vorstellen, wie es wäre, verliebt zu sein. Die chemischen Reaktionen, die währenddessen in deinem Körper ablaufen, sind dieselben.

Wir können uns unsere Familienvision oder unseren perfekten Tag in allen möglichen Situationen vorstellen: Wenn wir unser Kind in den Schlaf begleiten, wenn wir abspülen oder wenn wir unter der Dusche stehen. Wir können über den ganzen Tag verteilt immer mal wieder ein paar Minuten einfach in unseren Gedanken schwelgen. Es ist wie ein Andocken an das Gefühl, das wir mit unserer Vision verbinden. Wir können als Erinnerungshilfen auch kleine Herzen als Post-its oder Aufkleber an verschiedenen Orten in unserem Zuhause anbringen. Jedes Mal, wenn unser Blick auf ein solches Herz fällt, machen wir uns selbst ein Kompliment.

All diese kleinen Dinge helfen, unser Energieniveau über den Tag aufrechtzuerhalten oder zu steigern. Vielen Menschen hilft auch ein Gefühl der Dankbarkeit, um ihr inneres Wohlgefühl zu pflegen. Dankbarkeit für das, was war, das, was ist, und das, was sein wird. Im besten Fall und falls möglich sollten wir uns jeden Tag ein paar Minuten Zeit nehmen und unsere Gedanken dazu aufschreiben. Oder wir schreiben uns selbst einen Brief, in dem wir anerkennend in Worte fassen, was wir tagtäglich leisten. Das können wir als Paar natürlich auch füreinander tun. Eine weitere gute Idee, die auch von unseren Teilnehmern sehr geschätzt wird, ist der Tanz und die Musik. Mit beidem lässt sich wunderbar die eigene Tasse wieder auffüllen und Wohlgefühl erzeugen.

Bernds Blick

Ich war lange Zeit der Meinung, meine Tasse dürfe niemals leer werden. Ich hatte mir ja alles so ausgesucht, lebte meinen Traum als Musiker, und Papa zu sein hatte ich mir gleichfalls ausgesucht. Also sollte es doch keinen Grund geben, von irgendetwas k.o. oder gestresst zu sein, oder? Aber natürlich war dem nicht so. Natürlich brauchte auch ich Ausgleich, musste meine Batterien wieder aufladen. Auch weil ich spürte, dass ich nicht der sein kann, der ich sein möchte, wenn ich auf dem Zahnfleisch krieche.

Allerdings fiel es mir schwer, Dinge zu finden, die mir guttaten, die meine Tasse wieder auffüllten. Mir fielen hauptsächlich solche Sachen ein, die zeitlich oder finanziell nicht umsetzbar waren. Vielleicht war das ein Zeichen dafür, dass sich etwas in mir dagegen gesträubt hat. Vielleicht lag das Problem auch darin, dass ich dachte, ich müsste etwas finden, das mit einem Mal dazu führte, dass meine Tasse wieder voll war und möglichst auch bleibt.

Was ich dabei übersehen hatte, war die Macht der kleinen und gleichmäßigen Schritte. Steter Tropfen füllt die Tasse! Es geht nicht um eine Woche im Wellness-Hotel. Es geht um die kleinen Wellness-Inseln tagtäglich. Also hier mal ein paar Minuten Powernap, morgens ein paar Zeilen Dankbarkeit, eine Viertelstunde zwischendurch, um ein gutes Buch zu lesen ... Das sind meiner Erfahrung nach die Dinge, die nachhaltig und wirkungsvoll dazu führen, dass meine Tasse voll ist – und bleibt.

Der emotionale Jo-Jo-Effekt

Manchmal ist es einfach verhext. Du machst und tust alles Mögliche für dein Wohlgefühl, betreibst Gedankenmanagement, stellst dir vor, wie du es haben möchtest, und trotzdem bleibt es schwierig, dich gut zu fühlen. Was du auch anstellst, nichts nutzt auf Dauer. Immer und immer wieder ertappst du dich doch wieder dabei, dass du dich aufregst oder meckerst. Es fühlt sich an wie ein Schritt vor, zwei zurück. Und zu allem Überfluss begegnen dir dann auch noch Postkartensprüche wie „Positive Gedanken sind der beste Start für die Reise auf die Sonnenseite des Lebens" (Jeremy A. White). Oder du stolperst im Internet über einen Podcast, in dem es heißt, man müsse nur an etwas glauben, dann klappe das schon. Menschen, Zitate, Sprüche, die einem suggerieren, dass man nur positiv zu denken brauche und dann funktioniere alles wie geschmiert. Ich glaube, solche „Weisheiten" bewirken genau eines: Dass wir uns wie Versager fühlen. Denn sie implizieren, dass alles so simpel ist: Wir müssen nur positiv denken, einen Wunschzettel ans Universum senden und – schwupp – bekommen wir alles Glück der Welt frei Haus geliefert – vom harmonischen Familienalltag über die perfekte Beziehung, den Traumjob bis hin zur finanziellen Freiheit.

Und wenn all dies dennoch nicht eintritt, haben wir eben das Falsche gedacht.

Was für ein Unsinn! Wenn es so einfach wäre, sich das eigene Traumleben zu erschaffen, wären wir umgeben von Überfliegern. In Wahrheit ist es nämlich ziemlich herausfordernd, alte, eingeübte oder erlernte Gedanken wirklich hinter uns zu lassen. Wir können das schaffen, keine Frage (vgl. Kapitel 3 und 4). Aber es kann schon sein, dass es ein bisschen dauert.

Unserer Erfahrung nach gibt es zwei Ursachen für den sogenannten emotionalen Jo-Jo-Effekt, also die ständigen emotionalen Ups und Downs. Erstens brauchen wir Geduld mit uns selbst. Wir sind oft viel zu hart uns selbst gegenüber. Sobald etwas nicht auf Anhieb funktioniert, kritisieren wir uns und stellen uns infrage. Wir haben schlichtweg nicht gelernt, dranzubleiben, bis wir am Ziel sind. Ja – vielleicht richten wir unsere Gedanken auf unsere Ziele aus, doch sobald sich nicht sofort Ergebnisse zeigen, rudern wir zurück und beginnen, an unserem Vorhaben zu zweifeln. Wenn wir unsere Ziele erreichen wollen, müssen Kopf und Herz Hand in Hand gehen. Es ist wichtig, dass auch unsere Emotionen auf unsere Ziele ausgerichtet sind. Sobald wir zweifeln, ob wir das Ziel erreichen werden, nehmen wir uns selbst emotional den Wind aus den Segeln. Der Zweifel frisst unsere Energie und wir fahren gefühlsmäßig Achterbahn.

Die zweite Ursache für den emotionalen Jo-Jo-Effekt besteht darin, dass wir uns zwar einerseits verändern wollen, andererseits aber quasi abhängig sind von einer erlernten negativen Emotion. Das führt dazu, dass wir, sobald wir beginnen, neue Gedanken zu denken, unser Körper mit Entzugserscheinungen und negativen Emotionen reagiert. Er wehrt sich, das Gewohnte loszulassen, und rebelliert. Denn das Gewohnte ist eingeübt und vertraut und fühlt sich – selbst wenn es etwas Negatives ist – grundsätzlich gut an. Wenn wir beispielsweise bislang mit Enttäuschung auf eine schlechte Schulnote unseres Kindes reagiert haben und dies ändern wollen, werden wir merken, wie schwer es uns fällt, diese Emotion der Enttäuschung abzustellen und eine neue und konstruktive Haltung einzunehmen. Unser gesamtes Ich rebelliert und wir erleben ein Wechselbad der Gefühle – einen Jo-Jo-Effekt.

Für uns ist dieser Zusammenhang, den Joe Dispenza in seinem Buch *Ein neues Ich* so anschaulich beschreibt, sehr bedeutsam. Es ist sehr einleuchtend, dass, wenn wir zwanzig Jahre immer und immer wieder dasselbe Gefühl gefühlt haben, der „Körper nach (...) (diesen) Emotionen süchtig (wird), wie er nach Drogen süchtig werden kann. (...) Eine Veränderung des emotionalen Musters ist also fast so etwas wie ein Drogenentzug“[16]. Alleine das Wissen darum, dass Veränderungen häufig schwieriger sind als gedacht, macht Mut und bestärkt uns darin, dass es nicht an unserer eigenen Unzulänglichkeit liegt, wenn wir in der Umsetzung hadern. Wie oft haben wir schon Sätze gehört wie „Du musst nur wissen, was du willst“, „Du musst es nur glauben“ oder „Du musst es fühlen“. Das mag alles stimmen. Doch wenn unser Körper aufgrund der Abhängigkeit von einer erlernten negativen Emotion unterbewusst auf die Barrikaden geht, wenn wir uns verändern wollen, dann ist es mit den oben stehenden Aussagen allein eben nicht getan. Dann finden wir uns schnell in einem uns – oftmals unerklärlichen – Auf und Ab der Gefühle wieder. Und da wir alle mehr oder minder in einer Fehlerkultur sozialisiert wurden (Stichwort Schule), liegt es nahe, dass viele den Fehler bei sich suchen. So wird der Wunsch nach einem #gemeckerfreien Alltag ganz schnell zum Leistungssport und mündet in Minderwertigkeitsgefühlen.

Es ist also wichtig, sich diesen unterbewussten Mechanismus klarzumachen und zu erkennen, dass man sich auch aus der Abhängigkeit von einem negativen Gefühl befreien kann. Erinnern wir uns daran, dass wir nicht unsere Gefühle sind. Dass wir sie nur haben. Dass sie Teil unserer Persönlichkeit sind, genau wie

16 Dispenza, Joe: Ein Neues Ich, S. 105.

unsere Frisur oder unser Hobby. Wir haben sie uns zu eigen gemacht. Und wir können sie verändern, so wie wir unsere Frisur ändern oder uns ein neues Hobby aneignen können. Ja, das kann herausfordernd sein. Aber mit etwas Selbstdisziplin und vor allem mit viel liebevollem Wohlwollen sich selbst gegenüber kann es gelingen.

Wann immer wir bemerken, dass wir in alte negative Gefühlsmuster abrutschen, stoppen wir uns selbst und ersetzen die alten Gedanken und Gefühle durch etwas Neues. Statt uns ungeliebt zu fühlen, weil der Partner unsere neue Frisur wieder nicht bemerkt hat, können wir den Satz: „Ich schenke mir selbst die Liebe, nach der ich mein Leben lang gesucht habe" denken. Oder statt uns aufzuregen, weil das Kind die Schuhe wieder im Flur hingeschmissen hat, können wir uns daran erfreuen, dass wir überhaupt ein Kind haben, und uns erinnern, dass sein Verhalten gerade seine beste Option war.

Je konsequenter wir unsere alten Emotionen durch neue ersetzen, um so stabiler wird unser inneres Wohlgefühl. Diese innere Stabilität hilft uns, #gemeckerfrei mit unseren Liebsten zu sein. So kehrt Ruhe ein in uns und damit auch in unserem Umfeld.

Bernds Blick

Wie unangenehm es war, mir einzugestehen, dass ich süchtig war. Süchtig danach, mich ständig und immer wieder benachteiligt, unfair behandelt und zurückgestellt zu fühlen. Von diesen Gefühlen abhängig zu sein. Diese Erkenntnis war hart. Vor allen Dingen, weil sie implizierte – und das war fast das Unangenehmste –, dass ich selbst dafür verantwortlich war. Autsch!

Doch der Reihe nach: Ich war mehrere Jahre in einer Therapie. Eine klassische Psychotherapie, einmal pro Woche 45 Minuten. Ich habe dabei viel über mich gelernt, über meine Vergangenheit, und die Therapeutin hat mir wirklich auch in vielem geholfen. Gleichzeitig habe ich irgendwann erkannt, dass ich jede Sitzung mit einer diffusen Gefühlsmischung verließ. Ich war jedes Mal aufgewühlt, steckte tief in meinen alten Themen und fühlte mich gleichzeitig erschöpft und down. Irgendwann bestand meine Motivation, zur nächsten Sitzung zu gehen, nur noch darin, genau diesen Zustand zu erreichen. Ich war quasi süchtig danach. In dem Moment, in dem ich das erkannte, konnte ich anfangen, nach vorne zu schauen. Anhand der vorgestellten Methoden aus dem vorigen Kapitel kannst du es leicht schaffen, dich auf gute Gefühle auszurichten, auf Ziele und auf Dankbarkeit.

Ich habe den „Absprung" durch die Begleitung von Menschen geschafft, die dort waren, wo ich hinwollte, und die mir beigebracht haben zu erkennen, wie ich es haben will. Sie haben mir gezeigt, dass ich mir genau das selbst erlauben und zielgerichtet darauf losmarschieren kann.

Warum Erziehungstipps nicht funktionieren

Als wir Erziehungstipps anwendeten, veränderte sich unser Alltag immer nur kurzzeitig und auch nur marginal. Obwohl das an sich alles großartige Methoden waren, von denen wir viele bis heute nutzen. Erst im Laufe der Jahre haben wir zunehmend besser verstanden, dass schwingungsmäßige Übereinstimmung unserer Gedanken und Gefühle die Grundlage für jede Weiterentwicklung ist. Als wir begannen, uns mit der Quantentheorie zu beschäftigen, konnten wir auch verstehen, warum das so ist. Wusstest du beispielsweise, dass wir Menschen zu 99,9999 Prozent aus Schwingung bestehen und lediglich zu 0,0001 Prozent aus Materie?[17] Unsere Gedanken und Gefühle sind Schwingung. Verliebt zu sein zum Beispiel löst eine körperliche Reaktion in uns aus, obwohl wir ein Verliebtsein nicht sehen oder greifen können. Wut lässt uns rot anlaufen oder bricht als Redeschwall aus uns heraus. Mit unseren Gedanken und Gefühlen erschaffen wir Wirklichkeit. Und zwar unabhängig davon, ob uns dies bewusst ist oder nicht.

Schon Albert Einstein hat uns mitgegeben: „Die Definition von Wahnsinn ist, immer das Gleiche zu tun und andere Ergebnisse zu erwarten." Stell dir einmal vor, du hast in der letzten Zeit begonnen, abends Chips zu essen und dabei einige Pfunde zugenommen. Nun möchtest du abnehmen. Auf die Chips zu verzichten, weniger zu essen oder mehr Sport zu machen, kommt für dich aber nicht infrage. Wie wahrscheinlich ist es wohl, dass du auf diese Weise abnehmen wirst? Nicht sehr, oder? In Bezug auf unser Verhalten finden wir zahlreiche Beispiele dafür, die Einsteins Aussage belegen. Wer sich verändern möchte, muss lieb gewordene Gewohnheiten hinter sich lassen. Das gilt nicht nur für unser Verhalten – es trifft genauso auf unsere Gedanken und Gefühle zu. Wer andere Ergebnisse in seinem Leben erzielen will – zum Beispiel einen Alltag ohne Streit oder Gemecker –, der muss andere Gedanken denken und andere Gefühle fühlen als bisher. Nur so wird eine nachhaltige Veränderung möglich.

Um bei dem Chips-Beispiel zu bleiben: Solange ich meine, Chips zu brauchen, wird es mir extrem schwerfallen, darauf zu verzichten. Und solange ich glaube, dass mir abnehmen schwerfällt, werde ich auch auf der Waage keine Veränderung sehen. Ebenso gilt: Solange ich überzeugt bin, dass der Alltag mit Kindern anstrengend ist, wird auch das meine erlebte Realität sein. Da helfen dann auch keine Erziehungstipps oder andere

17 Kurzweil, Peter; Scheipers, Paul: P. „Aufbau der Materie (Atomlehre)", in: Chemie – Grundlagen, Aufbauwissen, Anwendungen und Experimente, Wiesbaden 2009, S. 16.

Methoden. Denn solange meine Gedanken und/oder meine Gefühle auf ein negatives Ergebnis ausgerichtet sind, verbaue ich mir den Weg, neue Erfahrungen in meinem Leben zuzulassen. Als wir das erkannt hatten und mehr und mehr darauf achteten, eine schwingungsmäßige Übereinstimmung von Denken und Fühlen zu entwickeln, konnten wir unsere gesamte Kraft auf das erwünschte Ergebnis richten. In der Folge verschwanden Wutanfälle unserer Mittleren oder Schwindeleien des Jüngsten so schnell, dass es sich wie ein Wunder anfühlte. Dabei war es lediglich das Resultat unserer veränderten Herangehensweise. Je stabiler wir innerlich wurden, umso weniger schwierige Momente entstanden überhaupt. Auch dafür fanden wir Erklärungen. Esther und Jerry Hicks zum Beispiel beschreiben in ihren Büchern immer wieder, dass wir umso magnetischer für freudvolle Erlebnisse werden, je größer unser inneres Wohlgefühl ist: „Empfindest du Liebe oder Freude – oder ein anderes positives Gefühl – bist du in diesem Moment ganz buchstäblich die Verkörperung der positiven Entwicklung, zu der das Leben dich anregt. Verspürst du Angst, Wut oder Verzweiflung – oder ein anderes negatives Gefühl – leistest du inneren Widerstand, das heißt, du lässt nicht zu, die positive Evolution zu leben, und weigerst dich, das zu manifestieren, zu dem du im Nicht-Physischen bereits geworden bist.“[18] Wenn wir davon sprechen, dass wir Menschen unsere Realität zweimal erschaffen – einmal in unserer Vorstellung und noch einmal in unserem tatsächlichen Erleben –, dann bedeutet das, dass wir die Gedanken und Gefühle, die zu dieser Erfahrung gehören, bereits in unserem Geist haben lebendig werden lassen, bevor wir sie real erleben. Wir alle kennen das aus unserem Alltag: die Vorfreude auf den nächsten Urlaub; die Vorstellung, das Baby, das wir erwarten, bereits in unserem Arm zu halten; die Freude auf die ersten warmen Sonnenstrahlen …

---

18 Hicks, Esther und Jerry: Wie unsere Gefühle die Realität erschaffen. Die Gesetze der Manifestation, Berlin 2011, S. 40.

Für ein #gemeckerfreies Familienleben bedeutet dies, dass es eben nicht reicht, darauf zu warten, dass das harmonische Familienleben vom Himmel fällt. Es bedarf deines eigenen Zutuns in Form deiner Gefühle und Gedanken und eines veränderten Verhaltens. Denn es geht immer um die Kombination aus innerem Sein und sichtbarem Tun. Mithilfe der in diesem Kapitel aufgezeigten Methoden wird es dir gelingen, die inneren Voraussetzungen für einen #gemeckerfreien Alltag zu schaffen. Im nächsten Schritt geht es dann um die Veränderung deines Verhaltens. Du benötigst eine veränderte Sicht auf Kinder, auf deine Rolle als Mama oder Papa und auch ein gewisses Maß an Wissen über die Entwicklung von Kindern, damit du auf allen Ebenen die Mama oder der Papa sein kannst, die oder der du sein möchtest. Darum wird es in dem folgenden Kapitel vier gehen.

Bernds Blick

Für mich war die Erkenntnis, warum Erziehungstipps nicht funktionieren, eine Erlösung. Was habe ich mich gequält, all diese Dinge umzusetzen. Ja, vieles hat funktioniert – aber eben nur eine Zeit lang, wie oben beschrieben. Und leicht wurde Erziehung dadurch nicht. Das kannte ich vom Erlernen und Üben eines Instruments ganz anders. Neue Techniken und Übungen klingen zu Beginn nicht gut, gehen nur schwer von der Hand. Doch die stetige Wiederholung führt dazu, dass das Spielen immer flüssiger wird. Und dann – irgendwann – konnte ich die neue Technik in mein „normales" Spiel einbauen, es wurde Teil meiner Musik.

Heute ist mir klar, was ich bei der Musik anders gemacht habe als bei den Erziehungstipps: Wenn ich eine neue Spieltechnik erlernt habe, stellte ich mir dabei immer wieder vor, wie ich sie in großartige und mitreißende Improvisationen einbauen würde. Ich hörte meinen Lehrern und anderen Musikern zu und war in meiner Vorstellung bereits an ihrer Stelle. Ich fühlte den Flow, die Emotionen und die Intensität. Ich wusste genau, wie es sich anfühlen musste, bevor ich es spielen konnte.

4. #gemecker**frei** im Alltag

Von der unbewussten Inkompetenz zur unbewussten Kompetenz

Wir alle sind das Produkt unserer Gedanken, Gefühle und Erfahrungen. Dadurch, dass sich diese in unserem Leben in der Regel wiederholen – wir also immer wieder das Gleiche denken, fühlen und gleiche Erfahrungen machen –, haben sich in unserem Gehirn gewissermaßen Trampelpfade gebildet, die uns helfen, unseren Alltag möglichst energieeffizient zu bewältigen. Stell dir beispielsweise vor, du fährst in den Ferien seit fünfzehn Jahren immer an denselben Ort. Immer auf demselben Weg. Du kennst die Strecke quasi auswendig. Auch wenn du dich im Auto unterhältst oder Musik hörst, findest du das Ziel. Denn du fährst fast automatisch. Wenn du nun aber auf die Idee kommst, eine andere Route auszuprobieren, musst du dich konzentrieren, achtsam sein und aufpassen, dass du richtig abbiegst. Vielleicht bittest du deine Mitfahrer, leise zu sein, damit du dich ganz auf das Fahren konzentrieren kannst. Denn neue Wege zu beschreiten bedeutet, dass sich erst neue Trampelpfade in deinem Gehirn bilden müssen. Das kostet Energie. Du kennst das sicherlich aus vielen anderen Situationen: wenn du ein neues Kochrezept ausprobierst, einen neuen Sport lernst oder ein neues technisches Gerät in Betrieb nimmst.

Nun ist es allerdings so, dass unser Gehirn per se gar nicht besonders daran interessiert ist, Neues zu lernen. Denn unser Gehirn, das lediglich zwei Prozent unseres gesamten Körpergewichts ausmacht, benötigt bereits zwanzig Prozent unserer gesamten Tagesenergie, um seinen Status quo zu erhalten und nicht abzusterben. In der Anfangszeit der Menschheitsgeschichte war es notwendig, achtsam mit den Energiereserven zu haushalten, denn zum einen war nicht immer sichergestellt, wann es wieder etwas zu essen geben würde, und zum anderen mussten wir in der Lage sein, über Energiereserven zu verfügen, um vor wilden Tieren fliehen oder sie bekämpfen zu können. Auch das Gehirn des modernen Menschen behält einmal erlernte Abläufe und Routinen gerne bei, obwohl wir weder Gefahr laufen zu verhungern noch von wilden Tieren gejagt zu werden. Wenn wir unser Verhalten verändern wollen, benötigen wir deshalb ein bestimmtes Maß an Motivation, die uns dabei helfen kann, das Effizienzstreben unseres Gehirns zu überwinden. Diese Motivation entsteht – in Bezug auf #gemeckerfrei – entweder dadurch, dass wir einfach genug haben von all dem Gemecker und Geschrei zu Hause, oder dadurch, dass wir eine große Sehnsucht in uns spüren, einen liebevolleren Alltag zu erleben.

Der größte Stolperstein auf dem Weg in einen #gemeckerfreien Alltag liegt darin, dass wir zu schnell aufgeben. Wir beschäftigen uns mit etwas Neuem, probieren es aus und wenn es nicht sofort funktioniert und zu den erhofften Erfolgen führt, zweifeln wir entweder an den neuen Maßnahmen oder an uns selbst.

Um dir die Stolpersteine auf deinem Weg in ein #gemeckerfreies Leben möglichst zu ersparen, wollen wir mit dir über das Lernen an sich und das Entwickeln von unbewusster Kompetenz sprechen. Erinnere dich dazu gerne einmal an deine ersten Fahrstunden: Was war das für eine Herausforderung! Das Zusammenspiel aus Pedalen, Gangschaltung, Lenken und Verkehr war so komplex, dass die meisten von uns zunächst einmal überfordert waren. Und heute? Heute fahren die meisten von uns wie in Trance Auto. Wir sind völlig sicher, dass wir alle nötigen Handlungen im richtigen Moment vollziehen und sicher am Ziel ankommen. Wir unterhalten uns während der Fahrt, hören Musik und Hörbücher oder hängen unseren Gedanken nach. Das Autofahren erfolgt wie von selbst nebenbei, weil wir aus einer unbewussten Inkompetenz eine unbewusste Kompetenz entwickelt haben.

Schauen wir uns die beiden Begriffe einmal an. Unter „unbewusster Inkompetenz" verstehen wir einen Zustand, in dem wir nicht wissen, was wir alles nicht können. Wir wissen als Fahranfänger nicht, dass man beim Autofahren gleichzeitig schalten und die Kupplung treten muss. Das Baby weiß nicht, wie Laufen funktioniert. Der Teenager weiß nicht, dass er kein Mandarin sprechen kann, weil er nicht weiß, dass es Mandarin gibt. Unbewusste Inkompetenz bedeutet also, dass ich etwas nicht kann, von dem ich gar nicht weiß, dass ich es können könnte. Sobald uns diese Inkompetenz bewusst wird, weil wir zum Beispiel erfahren, dass es Mandarin als Sprache gibt oder dass es möglich ist, mit Kindern einen Alltag ohne Gemecker zu erleben, entsteht die sogenannte „bewusste Inkompetenz". Wir haben einen neuen Erkenntnisstand, denn wir wissen nun, was wir nicht wissen oder nicht können. Dies ist die Voraussetzung, um Neues zu erfahren oder ausprobieren zu können. Das ist der Moment der ersten Fahrstunden.

Je mehr wir üben, je besser wir werden, umso mehr entwickelt sich aus unserer bewussten Inkompetenz eine bewusste Kompetenz. Wir haben gelernt, Auto zu fahren. Dennoch sind wir weit davon entfernt, automatisch oder routiniert zu fahren. Wir konzentrieren uns aufs Schalten, Kuppeln oder Umschauen und sind nicht selten am Ende der Fahrt vor Anstrengung nass geschwitzt. Erst nach und nach, im Laufe der nächsten Monate und Jahre, wird aus der bewussten Kompetenz die unbewusste Kompetenz. Das ist der Moment, in dem der Lernprozess abgeschlossen ist und wir die neue Fertigkeit verinnerlicht haben. Im Rahmen dieses Lernprozesses haben wir uns als Mensch weiterentwickelt, haben eine neue Kompetenz hinzugewonnen und können diese auch nutzen, ohne uns die notwendigen Einzelschritte bewusst zu machen.

Übertragen auf deinen Weg hin zu einem #gemeckerfreien Alltag durchläufst du also diese vier Schritte:

1. Unbewusste Inkompetenz: Du weißt nicht, weshalb du eigentlich meckerst und welche Änderungen notwendig wären, um #gemeckerfrei zu werden. Du findest den Ansatz, einen Alltag ohne Gemecker zu erleben, spannend, weißt aber noch nicht, wie du dies realisieren könntest.
2. Bewusste Inkompetenz: Du erfährst – zum Beispiel beim Lesen dieses Buches –, dass man Kinder nicht erziehen kann und Erziehungstipps nicht dienlich sind. Dir wird bewusst, dass du häufig negative Gedanken denkst oder du dir Sorgen um deine Kinder machst. Du reflektierst alte Glaubenssätze und Zweifel und denkst an Situationen, in denen es dir bisher noch nicht gelingt, die Mama oder der Papa zu sein, die du gerne sein möchtest. Das fühlt sich oft erst mal alles andere als gut an, denn deine Inkompetenz wird dir bewusst. Diese bewusste Inkompetenz ist jedoch lediglich eine Phase. Sie bedeutet nicht, dass du es nicht schaffen kannst oder mit dir etwas nicht stimmt.
3. Bewusste Kompetenz: In dieser Phase beginnst du, mit den Ideen aus dem Buch zu arbeiten. Du beobachtest deine Gedanken und deine Gefühle, hast deine Familienvision vor Augen und erlebst erste Veränderungen in deinem Alltag. Du erprobst dich und entwickelst und trainierst deine bewusste Kompetenz.
4. Unbewusste Kompetenz: Wenn du dich weiterhin intensiv mit #gemeckerfrei beschäftigst, wird aus der bewussten Kompetenz eine unbewusste Kompetenz. Dein Verhalten hat sich dauerhaft verändert. Als Mama oder Papa begleitest du deine Kinder jetzt ganz bewusst ohne meckern. Die unbewusste Kompetenz wirst du eher selten bewusst wahrnehmen. Sie wird dir vermutlich lediglich auffallen, wenn du schon längere Zeit nicht mehr über ein bestimmtes Verhalten nachgedacht hast.

Wir wünschen dir viel Freude auf deinem Weg von deiner unbewussten Inkompetenz hin zu deiner unbewussten Kompetenz. Wenn es mal schwierig wird, kannst du dir die vorgestellten vier Phasen der Kompetenzentwicklung ins Gedächtnis rufen und dich selber damit trösten, dass dies nur eine Phase auf deinem Weg zu deinem Ziel ist.

Bernds Blick

Über unbewusste und bewusste Inkompetenz und Kompetenz nachzudenken bzw. diese Stadien zu kennen kann dir beim Blick auf deine Kinder eine große Hilfe sein. Ich kann mich noch erinnern, wenn unsere Kinder nach dem Essen den Tisch mit einem feuchten Lappen abwischten und dabei so ein Muster hinterließen: ein Streifen feucht gewischt und einer trocken, einer gewischt, einer trocken … Nun hätte ich ihnen sagen können, dass sie den Tisch gefälligst ordentlich abwischen und nicht die Hälfte dreckig lassen sollen. Doch was hätte das bedeutet? Ich hätte meine eigene unbewusste Kompetenz als Standard gesetzt und dem Kind Nachlässigkeit bzw. Bequemlichkeit unterstellt. Doch unsere Kinder hatten diese Kompetenz nicht. Sie sahen nur, wie ich den Tisch abwischte: routiniert und nebenbei, ohne dabei penibel mit der Nase über der Tischplatte zu hängen, um zu prüfen, ob ich auch wirklich die ganze Fläche erwischt hatte. Gerade bei solchen alltäglichen Routinetätigkeiten ist es wichtig, dass wir uns klarmachen, dass unsere Kinder oftmals nicht wissen, was sie nicht können.

Dein Kind ist nie gegen dich

Wir kennen es alle: Explosionsartige Wutausbrüche, weil wir das Brot falsch geschnitten haben, der Aufstand am Morgen, weil die passende Hose in der Wäsche ist, das in Tränen ausbrechende Kind, nur weil wir mal ein bisschen deutlicher wurden. Kinder, die bockig, motzig, verletzt, traurig, eingeschnappt oder gekränkt sind. Sätze wie „Das ist gemein", „Mach's doch selber", „Du blöde Mama/Papa". Genauso kennen wir aber auch quietschendes Gelächter, Ärmchen, die sich um unseren Hals schmiegen, „Hab dich lieb" aus Kindermund. Kinder sprudeln über vor Gefühlen. Positiven wie negativen Emotionen, die gefühlt aus dem Nichts kommen und uns und unsere Kinder oft gleichermaßen überrollen. Wir alle werden in jedem Moment von Emotionen begleitet. Unser ganzes Leben ist pures Gefühl – auch wenn wir dies häufig nicht bemerken. Gefühle sind die Sprache des Körpers, und wir bedürfen ihrer, genauso wie wir atmen müssen.

Wahrscheinlich sind dem Wutanfall des Kindes schon Hunderte kleine Gefühle vorausgegangen, die wir gar nicht registriert haben. Letztlich bringen sie aber das Fass zum Überlaufen, und dafür reichen dann schon die kleinsten Auslöser. Um diesen Mechanismus besser zu verstehen, hilft uns das Bild einer Frustsäule. Stell dir vor, dein Kind trüge eine Frustsäule in sich. Jedes kleine negative Gefühl, das im Kind entsteht, lagert sich in dieser Frustsäule ab. Das können ganz kleine Frustrationen sein, denen wir im Alltagstrubel gar keine Beachtung schenken. Momente, in denen das Kind sich unsere Bestätigung gewünscht hätte, wir aber gerade mit Abspülen beschäftigt waren. Vielleicht sucht es vergeblich nach einem Spielzeug oder trägt Schuhe, die drücken – all diese kleinen Dinge, die nicht schlimm genug sind, um gleich ein Drama daraus zu machen, die aber dennoch irgendwie nerven. Wenn sich im Verlauf des Tages diese kleinen Frustrationen summieren, füllt sich die Frustsäule im Kind. Und irgendwann steht der Frust dann Oberkante Unterlippe und das Kind flippt aus oder explodiert. Uns erscheint es so, als entstünde das Geschrei von jetzt auf gleich, dabei übersehen wir jedoch, wie oft sich das Kind im Laufe des Tages schon angepasst oder selbst reguliert hat. Wir erkennen nicht, dass genau in diesem Moment die Grenze des für das Kind Erträglichen überschritten ist. Stattdessen nehmen wir das Verhalten des Kindes persönlich, fühlen uns angegriffen, gestört oder sind davon genervt. Wir fangen an, mit dem Kind über die Richtigkeit seiner Gefühle zu streiten. Vielleicht kennst du solche Sätze von dir: „Stell dich nicht so an. So schlimm ist das jetzt auch nicht" oder „Du durftest jetzt schon eine Stunde fernsehen, da brauchst du dich nicht aufzuregen, wenn jetzt Schluss ist". Solche Sätze vermitteln dem Kind den Eindruck, dass das Gefühl, das es empfindet, nicht richtig oder angemessen ist. Dass es anders fühlen sollte, als es gerade fühlt. Schlussendlich beginnt es, sein eigenes Gefühl und damit sich selbst infrage zu stellen. Es lernt, dass es richtige und falsche Gefühle gibt und dass die falschen Gefühle am besten nicht gefühlt werden sollten. Das Kind lernt also, in bestimmten Momenten „*Nein*" zu sich selbst zu sagen, und imitiert damit genau das, was wir ihm vorleben. Denn wir Erwachsene sagen sehr häufig *Nein* zu uns. Immer wenn uns etwas an uns stört, wir etwas in uns ablehnen und nicht anerkennen, wie einzigartig und wundervoll wir sind, sagen wir *Nein* zu uns selbst. Wann immer wir uns mit anderen vergleichen, glauben anders sein zu müssen, als wir es sind, uns anpassen oder zurückhalten, sagen wir *Nein* zu uns – zu unseren Gefühlen und zu unseren Bedürfnissen. Wir lehnen uns selbst ab. Je mehr wir das tun, umso mehr erwarten wir dies auch von unseren Kindern. Denn wir können es nur schlecht aushalten, wenn das Kind lautstark für seine Bedürfnisse einsteht und *Ja* zu sich sagt, während wir uns dies oft verkneifen.

Unsere Kinder sind unsere besten Lehrmeister. Sie spüren, wo wir uns zurückhalten, wo wir *Nein* zu uns sagen, wo wir alte Verletzungen in uns tragen. Kennst du dieses Spiel aus dem

Sportunterricht, bei dem Holzreifen auf dem Boden liegen und man, sobald die Musik stoppt, einen Reifen erwischen muss? Stell dir vor, der Reifen, in dem du stehst, ist dein persönlicher Kreis. Dieser Kreis bekam im Laufe deines Leben immer mehr Dellen und Einkerbungen, nämlich immer dann, wenn du seelische Verletzungen erlitten hast. Auch dein Kind steht in einem solchen Kreis, der allerdings noch heile und intakt ist. Es nimmt jedoch die Dellen in deinem Kreis wahr. Es tut alles dafür, dass du heilen kannst, und zwar aus zwei Gründen: Dein Kind wünscht sich, dass es dir gut geht. Denn es liebt dich mit all seiner kindlichen Reinheit. Und es lernt von dir, erwachsen zu werden. Je intakter dein Kreis wieder wird, umso leichter kann dein Kind seinen perfekten Kreis behalten.

Wenn unsere Tochter früher ausgeflippt ist, dann war dies im Grunde ihr Liebesdienst an uns. Es war nie gegen uns gerichtet. Entweder war ihre übervolle Frustsäule der Grund und sie wollte endlich wieder *Ja* zu sich selbst sagen können. Oder sie ist ausgeflippt, weil sie nicht aushalten konnte, wenn einer von uns *Nein* zu sich selbst sagte. Jeder Wutanfall des Kindes geschieht aus Liebe. Aus Liebe zu sich selbst oder aus Liebe zu uns. Jede Emotion bietet die Möglichkeit, dass wir uns intensiver mit uns selbst oder miteinander verbinden. Emotionen erlauben es uns, uns lebendig fühlen.

Je mehr Bernd und ich über diese Mechanismen wussten, umso gelassener konnten wir in den verschiedenen Situationen auf unsere Kinder reagieren. Damit sich die Frustsäule eines Kindes gar nicht erst füllt, ist es wichtig, es intensiver zu beobachten. Denn wir können auch die klitzekleinen Emotionen wahrnehmen. Wenn sich beispielsweise die Bewegungen verändern und hektischer werden. Wenn das Kind den Blickkontakt vermeidet, sich zurückzieht oder seinen Tonfall verändert. All das sind Anzeichen dafür, dass das Kind gerade etwas Negatives fühlt. Wir können es gut dabei begleiten, indem wir die Gefühle benennen und Fragen stellen wie „Kann es sein, dass du dich gerade ärgerlich fühlst?". Damit geben wir dem Kind Raum, sein Gefühl zu bemerken und anzunehmen. Wenn wir das im Laufe des Tages immer wieder tun, wird die Frustsäule des Kindes nicht mehr überlaufen, da seine Emotionen reguliert werden. Das ist wie mit den Mahlzeiten. Wenn wir unserem Kind über den Tag verteilt mehrere kleine Mahlzeiten zubereiten, statt nur einmal eine Riesenportion zu servieren, lernt es, immer wieder *Ja* zu sich und seinem Hungergefühl zu sagen. Es macht die Erfahrung, dass seine Wahrnehmung – der Hunger – „richtig" ist. Es erlebt, dass seine Bedürfnisse gesehen werden, und entwickelt dadurch echtes Selbstvertrauen.

Wann immer du getrigget wirst von einem *Ja* des Kindes zu sich selbst, darfst du dich eingeladen fühlen, genau hinzuschauen, wo du gerade *Nein* zu dir gesagt hast. Und du darfst dich auf den Weg zu deinem *Ja* zu dir machen. Denn das ist es, was viele Erwachsene in ihrer Kindheit verloren haben: das freie *Ja* zu sich selbst. Stattdessen haben wir uns angepasst oder wir haben rebelliert. Wobei *Ja* zu sich selbst zu sagen nicht unbedingt in einen überzogenen Egoismus mündet. Denn natürlich gibt es Momente, in denen wir das Bedürfnis nach Schlaf oder Alleinsein haben, dieses Bedürfnis aber gerade nicht erfüllen können, weil wir zum Beispiel ein kleines Kind beaufsichtigen müssen. In solchen Momenten hilft es jedoch schon, wenn wir uns eingestehen: „Ja, ich bin müde, ich würde gerne schlafen" oder „Ja, ich hätte gerne etwas Zeit für mich". Wir müssen nicht gegen unsere Bedürfnisse ankämpfen. Wir können sie auch wahrnehmen und bei der nächstmöglichen Gelegenheit dafür sorgen, dass wir unser Schlafdefizit austarieren oder Zeit für uns selbst haben. Jedes *Ja* zu uns selbst ist auch ein *Ja* zum Kind. Denn jedes Ja bedeutet, dass wir so sein dürfen, wie wir sind. Und dies ist auch innerhalb einer Gemeinschaft wie der Familie möglich.

Wir müssen uns nicht verbiegen, um miteinander leben zu können. Und vor allen Dingen müssen wir nicht gegeneinander ankämpfen. Unsere Kinder sind nie gegen uns, sondern stehen für sich selbst ein und für die Liebe. Sie stehen ein für ihr „So-Sein". Wir sollten dies als Geschenk betrachten. Dann wird es uns auch gelingen, ein Familienleben zu gestalten, das perfekt zu uns passt. Dann kann Frieden in unsere Familien einziehen – davon sind wir zutiefst überzeugt.

> *„Jenseits von richtig und falsch gibt es einen Ort und dort treffen wir uns."* (Rumi, persischer Dichter)

Bernds Blick
Mir hat das Bild der Frustsäule nicht nur geholfen, meine Kinder besser zu verstehen, sondern auch mich selbst. Ich war immer wieder überrascht, woher die plötzlichen Stimmungen und Emotionen in mir kamen. Und ich konnte mir nicht erklären, warum ich das Verhalten eines Kindes an dem einen Tag einfach weglächeln konnte und es mich am anderen Tag auf die Palme brachte. Die Frustsäule erklärt diese unterschiedlichen Reaktionen und erleichtert es enorm, Wege zu finden, diese wieder abzubauen – sowohl bei den Kindern wie bei mir selbst. Mit zunehmendem Alter erkannten unsere Kinder auch schon selbst, wann ihre Säule voll war, und konnten sich eigene Strategien überlegen, um sie wieder zu leeren.

Der emotionale Teufelskreis

Für mich war es sehr aufschlussreich, als ich im Rahmen eines Seminars erfuhr, dass wir Menschen auf einer unterbewussten Ebene nicht zwischen positiven und negativen Emotionen unterscheiden, sondern dass lediglich die Intensität der Gefühle entscheidend ist. Starke Emotionen – negative wie positive –

verbinden Menschen miteinander, sie wirken sozusagen wie ein Magnet. Je stärker also das Gefühl ist, das das Kind in uns auslöst, umso intensiver fühlt es sich mit uns verbunden. Das erklärt unter anderem auch, warum negative Aufmerksamkeit besser ist als gar keine Aufmerksamkeit. Kinder beobachten uns und lernen dadurch. Wann immer wir mit starken Emotionen – positiven wie negativen – auf ihr Verhalten reagieren, springt ihr innerer Magnet an. Sie fühlen sich von uns wahrgenommen und gesehen.

Unser Kind drei beispielsweise reagierte oft beim Nachhausekommen aus dem Kindergarten mit krassen Wutanfällen. Irgendetwas war immer falsch. Erst nach einer Weile verstanden wir, dass es sich nach dem Vormittag im Kindergarten erst neu mit uns verbinden musste. Es musste das Gefühl wieder empfinden, dass es für uns wichtig und bedeutsam war. Und dieses Gefühl der Zugehörigkeit entsteht oftmals leichter über negative Emotionen, weil wir diesen in der Regel mehr Aufmerksamkeit schenken.

Lass uns an dieser Stelle noch mal tiefer einsteigen: Das kleine Kind erlebt, wie wir uns an ihm und seinen Entwicklungsschritten freuen. Mit der Zeit kommt es immer häufiger zu Momenten, in denen wir Eltern das Verhalten des Kindes kritisieren oder versuchen, es zu regulieren. Denken wir beispielsweise an das Kleinkind, das mit dem Löffel immer und immer wieder in den Brei schlägt. Für das Kind ist das in erster Linie ein physikalisches Experiment. Es möchte wissen, was passiert, wenn es den Löffel in den Brei schlägt. Es lernt dabei unter anderem die Viskosität verschiedener Materialien kennen. Wenn wir Eltern erschrecken, wenn der Brei durchs Zimmer spritzt, und das Kind davon abhalten wollen, kommt eine zweite Erfahrungsebene für das Kind dazu: Denn genau wie es den herumspritzenden Brei beobachtet, beobachtet es eben auch dich. Es bemerkt, wie sich deine Stimmlage verändert, ob du ruhig bist oder hektisch. Es nimmt deine Mimik wahr. Ob du dich mit ihm freust oder ob du „böse" schaust.

Wenn sich diese Situation bei jeder Mahlzeit wiederholt, ist deine Reaktion für das Kind irgendwann das interessantere Forschungsgebiet als der Brei. Nach einigen Tagen schlägt das Kind dann den Löffel in den Brei, weil du bei dieser Aktion immer so laut schimpfst. Denn für das Kind macht es keinen Unterschied, ob du mit positiven oder negativen Emotionen auf sein Verhalten reagierst. Für das Kind zählt alleine die Intensität.

Je gestresster wir vom durch das Zimmer fliegenden Brei sind, umso intensiver werden unsere emotionalen Reaktionen. Das Kind jedoch fühlt sich wunderbar wahrgenommen und mit uns verbunden. In der Folge wird es immer mehr Momente geben, in denen das Kind lernt, dass es von uns ein intensiveres emotionales Feedback bekommt, wenn es Verhaltensweisen zeigt, die in uns negative Gefühle hervorrufen. Wann immer das Kind sich nach Verbindung zu uns sehnt – vielleicht, weil wir sehr beschäftigt waren, das Kind mehr Zeit mit anderen Menschen verbracht hat oder es sich aufgrund eines Wachstumsschubs verunsichert fühlt – nutzt es Verhaltensweisen, die in uns negative Emotionen hervorrufen, um dieses Bedürfnis erfüllt zu bekommen.

Das bedeutet letztlich, dass unser Schimpfen, Schreien oder Kritisieren dazu führen, diese von uns als störend empfundenen Verhaltensweisen noch stabiler im Kind zu verankern. Schimpfen oder Meckern erzeugt niemals eine positive Veränderung. Wenn du also bislang der Meinung warst, du müsstest dein Kind fühlen lassen, wenn es „Mist“ gebaut hat, bist du leider auf dem Holzweg. Das führt nur dazu, dass das Kind noch häufiger Verhaltensweisen zeigt oder entwickelt, die uns auf die Nerven gehen.

Übrigens erfolgen diese Mechanismen immer unterbewusst. Das Kind agiert nicht absichtlich oder geplant auf diese Weise. Dazu wäre es alleine von seiner kognitiven Entwicklung her gar nicht in der Lage.

Wenn du nun den Gedanken aus dem letzten Kapitel verinnerlichst und davon ausgehst, dass das Kind immer *für sich* und nie *gegen dich* ist, dann kannst du sein Verhalten anders betrachten. Denn im Endeffekt beschäftigt sich das Kind – unbewusst – den ganzen Tag mit einer einzigen Frage: der Frage, wie das Leben funktioniert. Es versucht im Wesentlichen mithilfe von drei Lernstrategien – Nachahmen, Wiederholen, Variieren – herauszufinden, wie es alleine überlebensfähig werden kann. Dazu ahmt es uns nach. Immer und immer wieder. Es ahmt nach und wiederholt. Lichtschalter an – Lichtschalter aus, am liebsten Hunderte Male hintereinander. Sich selbst anziehen und wieder ausziehen. Mit Wasser experimentieren. Wenn es älter ist: Tagelang Feuer machen, Skateboard fahren üben, denselben Skihang immer und immer wieder hinunterfahren. Das Kind ahmt uns nach, wiederholt und beginnt zu variieren. Statt mit dem Pinsel Wasserfarben zu malen, malt es mit dem Finger in der Tomatensoße. Statt die Creme auf den Körper zu streichen, kommt sie in die Haare. Statt mit dem Skateboard auf der Straße zu fahren, beginnt es Tricks einzuüben. Dabei lernt es durch Erfahrung. Es beginnt, die Welt an sich und sich selbst als Teil dieser Welt immer besser zu durchdringen. Je besser es uns gelingt, das Kind bei seinen Erfahrungen zu begleiten – statt es zu kritisieren oder zu belehren –, umso mehr Vertrauen entwickelt das Kind in sich selbst. Es fühlt sich gesehen und zugehörig, es macht die Erfahrung, dass es sich ausprobieren darf, und lernt im besten Fall, dass es ein wertvoller Beitrag für seine Umgebung ist. Das sind nach Gerald Hüther die wichtigsten Faktoren für eine gesunde kindliche Entwicklung. So wird das Bedürfnis nach Zugehörigkeit und Verbundenheit auf positive Weise gestillt und das Kind entwickelt keine störenden oder nervigen Verhaltensweisen. Stattdessen fühlt es sich gesehen und willkommen.

Als wir diese Mechanismen als junge Eltern begriffen hatten, stellten wir fest, dass unsere Kinder schon die eine oder andere störende Verhaltensweise entwickelt hatten. Besonders spannend war dann für uns, wie wir dieses Verhalten wieder verändern konnten. Unser erster wichtiger Schritt war, den Glauben zu verinnerlichen, dass das Kind nie gegen uns ist. Wir mussten verstehen, dass allein unsere Reaktion auf das Verhalten des Kindes der Schlüssel war. Und zwar insbesondere unsere emotionale Reaktion. Solange unser Kind unsere roten Knöpfe drücken durfte, war keine Veränderung möglich. Also galt es erst einmal, innerlich ruhig zu bleiben – ganz egal, ob der Brei spritzte, das Kind beim Zähneputzen Wutanfälle bekam oder mit süffisantem Grinsen den Korb mit der frischen Wäsche auf den schmutzigen Boden auskippte. Ruhig bleiben und nicht in den emotionalen Teufelskreis einsteigen, das war unsere Devise, das war der Schlüssel. Auch wenn das leichter gesagt als getan ist.

Hilfreich fand ich dabei immer den Gedanken, dass das Kind sich durch meine Emotionen ein blödes Verhalten antrainiert hatte und ich ihm folglich auch helfen muss, dieses Verhalten wieder zu verlernen. Außerdem halfen uns ganz einfache Dinge, nicht den Geduldsfaden zu verlieren: leise bis zwanzig zählen, bevor wir reagierten; das Mantra „Frieden beginnt in mir" und Ähnliches. Denn eines erlebten wir auch immer wieder. Wenn wir nur vorgaben, wir würden uns nicht aufregen, gehörten wir der Katz. Das funktionierte überhaupt nicht. Was kein Wunder ist, denn Kinder sind so feinfühlig, die bemerken jede Emotion, die unausgesprochen in der Luft hängt. Solange ich innerlich genervt war, reagierte das Kind auf mein Gefühl, selbst wenn mir kein Wort über die Lippen kam.

Wenn du dieses Wissen für dich nutzen möchtest, ist der Schlüssel, dass du nicht mehr bereit bist, in diesen emotionalen Teufelskreis einzusteigen. Ganz gleichgültig, wie wütend oder außer sich das Kind gerade ist – du bleibst ruhig und begleitest dein Kind durch den Wutanfall. Vielleicht hilft es dir, dir vorzustellen, wie dein perfekter Familientag aussieht, und dich daran zu erinnern, dass ein motziges Kind nur vergessen hat, wie großartig es ist.

Alles, was dir hilft, dich gut zu fühlen und dieses positive Gefühl aufrechtzuerhalten, bringt dich deinem #gemeckerfreien

Alltag näher. Denn letztlich haben wir immer die Wahl, ob wir den emotionalen Aufzug nach oben oder nach unten nehmen. In diesem Zusammenhang ist das Phänomen der Spiegelneuronen ganz interessant. Spiegelneuronen sind „ein Resonanzsystem im Gehirn (...), das Gefühle und Stimmungen anderer Menschen beim Empfänger zum Erklingen bringt“[19]. Du kennst vielleicht die Situation, dass dein Partner schlecht gelaunt nach Hause kommt und sofort auch deine Laune sinkt. Genauso ergeht es uns mit den Kindern. Wir lassen uns von der schlechten Laune der Kinder anstecken. Dabei können wir immer wählen. Wenn wir uns weiter gut fühlen würden – selbst wenn das Kind meckert oder motzt –, würden wir das Kind veranlassen, über seine Spiegelneuronen unsere Emotionen zu kopieren. Dann würden wir gemeinsam im Aufzug nach oben fahren. Lassen wir uns jedoch emotional runterziehen, fahren wir gemeinsam abwärts. Probiere es gerne einfach mal aus: Bleibe in deiner positiven Energie, egal wie motzig dein Gegenüber ist, und beobachte, was passiert.

Bernds Blick

Ich erinnere mich an eine Situation, als wir mit unseren Kindern zu Besuch bei Bekannten waren. Ein wunderschöner Sonntagnachmittag im Sommer, die Gastgeber wohnten auf einem ehemaligen Bauernhof mit einer großen Wiese hinter den Wirtschaftsgebäuden. Es waren mehrere Familien mit Kindern da – von frisch geschlüpft bis fast volljährig. Während ich mit unseren und einigen anderen Kindern etwas spielte, passierten zwei Dinge gleichzeitig. Ein Kleinkind fällt aus vollem Lauf hin und weint bitterlich. Die Mama nimmt es auf den Arm und nachdem sie keine großen Verletzungen ausmachen konnte, tröstet sie das Kind mit ruhiger Stimme und

19 Vgl. www.planet-wissen.de/natur/forschung/spiegelneuronen/index.html

lenkt seine Aufmerksamkeit dann auf etwas anderes. Das Kleinkind vergisst seinen Sturz schnell und spielt fröhlich weiter.

Gleichzeitig hat ein Kind einer anderen Familie, das ein paar Jahre älter ist, einen Wutausbruch. Die Eltern dieses Kindes reagieren selbst wütend und sagen ihm, es solle ruhig sein. Daraufhin eskalierte die Situation und Kind und Eltern wurden lauter und lauter. Ich selbst habe viele Male genauso reagiert und möchte die Reaktion keineswegs verurteilen. Ich verstehe sie sehr gut. Aber hilfreich ist sie nicht. Es ist wichtig, in solchen Situationen souverän zu bleiben, so wie die Mutter des gestürzten Kleinkindes. Nur so können wir deeskalierend auf die Wut, den Ärger, den Zorn des anderen einwirken – ganz egal, ob dieser oder diese ein Jahr, 16 Jahre oder 40 Jahre alt ist.

Deine freie Entscheidung

„Das, was Paul über Peter sagt, sagt mehr über Paul als über Peter." Dieses Zitat, das oftmals dem Philosophen Baruch de Spinoza zugeschrieben wird, war wegweisend für uns. Es besagt, dass jeder Vorwurf, jede Schuldzuweisung mehr über den Sender aussagt als über den Empfänger. Das Kind zum Beispiel, das dich als „blöde Mama" oder „blöden Papa" bezeichnet, hat demnach wahrscheinlich gerade Stress und versucht diesen zu bewältigen, indem es rummeckert. Der Partner, der sich daran stört, dass das Auto dreckig ist, die Kinder zu laut sind oder das Essen fad ist – spricht über sich, nicht über das Auto, die Kinder oder das Essen.

Genauso gilt auch: „Das, was ich über dich sage, bist nicht du, das bin ich selbst." Im Endeffekt nehmen wir den anderen Menschen – unseren Partner oder unser Kind – immer durch unsere persönliche Brille wahr. Wir entscheiden, ob wir uns über etwas aufregen oder ob wir den Moment genießen, um mit unserem Kind in Kontakt zu kommen. Wir entscheiden, worauf wir unseren Fokus richten, was uns im Moment wirklich wichtig ist und mit welcher Emotion wir uns mit anderen Menschen verbinden. Ich kann meinen Fokus darauf richten, dass das Kind mit dreckigem T-Shirt zum Frühstück gekommen ist, oder ich kann mich freuen, dass es seine Zeit gut eingeteilt hat und pünktlich ist. Worauf wir unseren Blick jeweils richten und wie wir reagieren, hat nur mit uns selbst zu tun. Ruhen wir in uns oder sind wir angespannt? Suchen wir den Fehler oder schauen wir voller Vertrauen aufs Leben?

Wie wir uns gegenüber anderen verhalten – seien es die Kinder oder der Partner –, ist lediglich eine Reflexion unserer Beziehung zu uns selbst. Sehen wir eher unser Potenzial oder unsere Fehler? Glauben wir an das Gute im Menschen oder halten wir uns für Versager? Betrachten wir das halb leere oder das halb volle Glas? Je nachdem, für welche Perspektive wir uns – oftmals unbewusst – entschieden haben, verhalten wir uns. Wie wir auf andere Menschen reagieren, ist immer unsere freie Entscheidung. Selbst wenn wir bisher dachten, dass wir uns aufregen müssten, wenn der Partner wieder Überstunden macht, obwohl wir zum Yoga wollten, oder wenn wir bislang glaubten, wir müssten gestresst sein, weil das Kind wieder Stunden braucht für die Hausaufgaben – unsere Reaktion ist in jedem Moment unsere eigene Entscheidung, unsere freie Wahl.

Viktor Frankl, der österreichische Psychologe, der während des Nationalsozialismus mehrere KZs überlebte, entschied während seiner Internierung, niemandem die Macht über seine Gedanken zu überlassen. Er wollte in jedem Moment frei wählen, wie er das Verhalten anderer Menschen interpretiert. Nur so konnte er innerlich frei bleiben – unabhängig davon, was ihm angetan wurde. Als ich seine autobiografischen Bücher[20] las, machte mich das sehr demütig. Denn ihm war es gelungen, unter anderem mithilfe seines Geistes diese grausamen Extremsituationen zu überleben. Und ich betrachtete die Wutanfälle meiner Kinder, Ärger mit meinem Partner oder finanziellen Stress als unüberwindbare Probleme? Ernsthaft? Ist es nicht vielmehr so, dass jede Schwierigkeit, die in unserem Leben auftaucht, uns daran erinnern kann, wie unendlich machtvoll wir sind und dass wir alles schaffen können?

Meiner festen Überzeugung nach kann uns nichts geschehen, solange wir den Glauben an uns selbst behalten. Viktor Frankl wird auch diese Aussage zugeschrieben: „Zwischen Reiz und Reaktion gibt es einen Raum. In diesem Raum haben wir die Freiheit und die Macht, unsere Reaktion zu wählen."[21] Das bedeutet: Ich muss nicht meckern. Ich muss mich nicht angegriffen fühlen oder etwas blöd finden. Ich darf an das Gute im Menschen glauben. Und du darfst das auch. Denn wir haben diese Wahl. Wir können entscheiden, dass wir immer davon ausgehen wollen, dass der Partner oder die Kinder jeweils nach ihrer besten Option handeln. Dass sie immer ihr Bestes geben. Ich entscheide zu glauben, dass mir niemand schaden möchte. Und ich will davon ausgehen, dass wir Menschen – gerade in der Familie – uns gegenseitig unterstützen, unser eigenes Potenzial zu leben. Dafür muss und darf ich meine Vorstellungen, wie etwas sein sollte oder was das Kind lernen müsste, loslassen.

---

20 Frankl, Viktor: ... trotzdem Ja zum Leben sagen. Ein Psychologe erlebt das Konzentrationslager. München 2009.

21 Vgl. zum Beispiel Tang, Chade-Meng: Search Inside Yourself – Das etwas andere Glücks-Coaching, München 2012, S. 45.

Bernds Blick
Ich war anfangs nicht bereit zu akzeptieren, dass ich immer die Wahl habe, wie ich agiere und reagiere. Es wollte einfach nicht in meinen Kopf und schon gar nicht in mein Herz. Meine Reaktion und mein Gemecker sollten nur ein Spiegel dessen sein, was ich über mich denke? Niemals! Das konnte nicht sein. Denn das hätte auch bedeutet, dass es ziemlich ungemütlich für mich geworden wäre. Doch mit der Zeit geschah Folgendes: Immer wieder bemerkte ich, dass sich das, was ich zu den Kindern oder anderen Menschen sagte, tatsächlich auch gegen mich richtete. Nur zum Test versuchte ich dann, mich weniger aufzuregen und einfach mal still zu sein. Dieses äußere Verstummen hat dazu geführt, dass ich innerlich besser auf mich selbst hören und mich selbst besser verstehen konnte. Im nächsten Schritt gelang es mir dann auch, positiver und liebevoller mir selbst gegenüber zu sein. Durch diese liebevollere Haltung mir selbst gegenüber kann ich inzwischen den Raum zwischen Reiz und Reaktion besser nutzen und bewusst entscheiden, wie ich reagiere.

Kinder können nicht verwöhnt werden

Als unser ältestes Kind fünf Jahre alt und ich mit Kind drei schwanger war, lernte ich bei einer Weiterbildung, dass ich nichts für meine Kinder tun sollte, das sie selbst schon in der Lage sind zu tun. Da ich in dieser Zeit schon ein bisschen zur Helikoptermama tendierte, nahm ich mir diesen Tipp zu Herzen. In den darauffolgenden Tagen ermutigte ich also unseren Sohn, wann immer er um Hilfe bat, dass er das doch sicherlich schon alleine schaffen würde. Es dauerte ganze drei Tage und dann passierte Folgendes: Ich saß während einer kleinen Mittagspause auf dem Sofa, hatte die Beine hochgelegt und stellte unserem Sohn die Frage: „Würdest du mir bitte ein Wasser bringen?“ Die Antwort war eine der wertvollsten Lektionen, die meine Kinder mir geschenkt haben. Er sagte völlig ernst: „Mama, ich bin sicher, das schaffst du alleine!“ Volltreffer! Der saß. Ich schmiss die guten Ratschläge aus der Weiterbildung also in die Ecke und folgte weiterhin meinem Bauchgefühl. Denn in einer Familie geht es genau nicht darum, dass jeder alles selbst erledigt. Es geht darum, miteinander zu leben, einander zu helfen und sich gutzutun.

Stell dir einmal vor, du trinkst am Morgen gerne einen Kaffee oder Tee. Vielleicht hast du es eilig und bittest deinen Partner, dir einen Kaffee zu machen oder einen Tee zuzubereiten. Er teilt dir daraufhin mit, dass er das Wasser gerne heiß macht und den Rest würdest du ja sicher selbst hinbekommen. Wie würdest du dich fühlen? Also, ich wäre stinksauer. Denn natürlich kann ich meinen Kaffee selbst zubereiten. Aber es ist einfach wohltuend, wenn Bernd mir einen bringt oder mich unterstützt, wenn ich Hilfe brauche. Wenn also das Kind sich wünscht, dass wir ihm die Schuhe anziehen, obwohl es das eigentlich schon selbst kann, und wir dann sagen „Komm, ich helfe dir in die Schuhe, den Rest schaffst du alleine“, dann fühlt sich das Kind womöglich genauso veräppelt wie wir.

Die Frage ist nicht, ob wir etwas alleine können. Die Frage ist, wie wir unsere Beziehung zueinander stärken können. Vielleicht bittet das Kind dich um Unterstützung, weil es gerne mit dir gute Gefühle teilen möchte? Wir kämen doch auch nie auf die Idee zu denken, der Mann würde seine Frau unverhältnismäßig verwöhnen, weil er ihr in die Jacke hilft oder ihr Blumen mitbringt. Oder sie würde ihn verwöhnen, weil sie sein Lieblingsessen zubereitet. Wir erachten solche Dinge ganz selbstverständlich als Liebesdienste. Und genauso ist es mit unseren Kindern auch. Wir erbringen Liebesbeweise. Neulich habe ich zum Beispiel Berge von Playmobil im Spielzimmer unseres Zwölfjährigen aufgeräumt, während er mit Freunden im Schnee gespielt hat. Einfach, weil ich wusste, dass er sich darüber freut.

Beziehungen zu pflegen bedeutet, einander gutzutun. Ich habe keinerlei Sorge, dass unser Sohn nicht lernt, sein Playmobil selbst wegzuräumen. Das kann er ganz fantastisch. Und auch unsere beiden erwachsenen Kinder sind ordentlich und sehr gut in der Lage, sich um ihre Dinge zu kümmern. Tatsächlich können wir unseren Kindern nämlich nichts beibringen, wir können es nur vorleben. Und da wir, Bernd und ich, weder Ordnungsfetischisten noch Chaoten sind, gibt es keinen Grund zur Sorge, dass unsere Kinder nicht lernen, Ordnung zu halten. Sie werden es können, wenn die Zeit dafür reif ist.

Was uns beispielsweise immer entspannt hat, war, einmal eine andere Perspektive einzunehmen, den Zeithorizont etwas weiter zu fassen. Wenn zum Beispiel das achtjährige Kind nachts bei uns im Bett schlafen will, dann muss daraus nicht gleich die Sorge entstehen, dass es sich dies auf Dauer angewöhnen und nie alleine schlafen wird. Fragen wir uns doch lieber, ob wir Achtzehnjährige kennen, die bei ihren Eltern im Bett schlafen. Fragen wir uns, wie viele Eltern ihre Teenager füttern. Wir werden schnell feststellen, dass unsere Sorgen überflüssig sind. Gleichzeitig wissen wir, dass sich unsere Kinder gesund entwickeln, und zwar umso besser, je emotional genährter sie aufwachsen dürfen.

Deshalb gilt für uns, dass Kinder nicht verwöhnt werden, wenn wir ihrem Wunsch nach Unterstützung nachkommen. Was jedoch sehr wohl geschehen kann, ist, dass Kinder kleingehalten werden. Das macht sie unselbstständig und kann tatsächlich zu einer ungünstigen Entwicklung führen. Wir halten sie zum Beispiel dann klein, wenn wir immer wieder Dinge für sie erledigen, die sie gerne selbst tun möchten: alleine essen, selbst die Treppe runtergehen, alleine die Schuhe anziehen, die Verantwortung für ihre Schulsachen übernehmen, alleine zum Sport radeln …

Wann immer wir den Drang nach Selbstständigkeit unterdrücken, weil uns zum Beispiel das Ergebnis nicht gefällt – das Kind die Schuhe verkehrt herum angezogen hat –, gefährden wir die gesunde Entwicklung des Kindes. Natürlich kennen wir auch alle die Momente, in denen wir dem Kind ein selbstständiges Tun nicht ermöglichen können, zum Beispiel weil es sich damit in Gefahr begeben würde. Solange solche Momente jedoch nur ab und zu passieren, geschieht nichts Nachteiliges.

Gleichzeitig dürfen wir uns bewusst machen, dass das Zusammenleben mit unseren Kindern Zeit erfordert. Wir haben die Erfahrung gemacht, dass wir uns diese Zeit entweder auf positive Weise nehmen können oder die Kinder sie auf negative Weise einfordern. Lass es mich erklären: Das Kind möchte alleine die Schuhe anziehen. Du setzt dich daneben und lässt es machen. Du hilfst, wenn es erforderlich ist, und wartest ab. Natürlich dauert die ganze Aktion viel länger, als wenn du dem Kind rasch die Schuhe angezogen hättest. Aber ihr habt die Zeit gemeinsam in guter Energie miteinander verbracht. Wenn du glaubst, du hast keine Zeit dafür, und entscheidest, dem Kind die Schuhe anzuziehen, wird es immer wieder vorkommen, dass das Kind lautstark protestiert. Entweder direkt beim Schuheanziehen. Oder etwas später beim Klettern in den Autositz oder Fahrradanhänger. Irgendwann muss sein Frust über das „Nicht-alleine-Dürfen" raus. Wenn das Kind zetert, weint, um sich schlägt, weil es etwas nicht alleine durfte, kostet das auch Zeit. Nur ist dies Zeit, die nicht auf positive Weise auf unser Beziehungskonto einzahlt, sondern negativ eingeforderte Zeit und im Endeffekt gemeinsam erlebter Stress.

Besonders einprägsam waren bei uns immer die Zu-Bett-Geh-Situationen, die wir entweder mit Freude und Spaß oder mit Stress und Streit füllen konnten. Gedauert haben beide Modi meist ähnlich lange. Irgendwann haben wir folglich entschieden, dass wir so viel Qualitätszeit wie möglich miteinander teilen möchten und lieber positive als negative Erinnerungen schaffen wollen.

Bernds Blick
Zeit ist so wertvoll. Das hören und lesen wir überall. Und es stimmt ja auch: Jeder Moment ist mit dem nächsten schon wieder vorbei. Die Zeit vergeht ohne unser Zutun, doch wir entscheiden, wie wir sie füllen. Also kann es immer nur darum gehen, die Zeit, die wir haben, so positiv, so schön, so erfüllend wie nur möglich zu nutzen. Als ich dies begriffen hatte, wurde mir auch bewusst, was für ein großes Geschenk unsere Kinder sind. Wenn wir unseren Kindern Freiheit in Hülle und Fülle genau dann ermöglichen, wenn sie es möchten, und ihnen Hilfe und Unterstützung dann geben, wenn sie sie brauchen, schenken wir ihnen und uns eine wundervolle und erfüllte Zeit. Da dies bei uns nicht immer so war, könnte ich nun reumütig zurückschauen und mich über die vergeudete „negative" Zeit ärgern. Doch die Zeit kommt nicht zurück. Sie beginnt jetzt, in jedem Moment. Die Vergangenheit können wir nicht ändern, aber wir können unsere Zukunft gestalten. Nur darum geht es.

Raus aus dem Hamsterrad

Wir erleben viele Eltern, die hinsichtlich ihrer Erziehungskonzepte verunsichert sind. Sie fragen sich, welche Regeln notwendig sind und wann sie dem Kind schaden, wann sie ihr Kind verwöhnen dürfen und wann nicht. Sie wollen weder Helikoptereltern sein noch wollen sie sich nachsagen lassen, sie würden ihre Kinder vernachlässigen. Es scheint ein relativ schmaler Grat zu sein, den man finden muss, um die eigenen Kinder gut aufs Leben vorzubereiten.

Spätestens sobald wir Eltern werden, wird uns deutlich, wie sehr wir selbst in unserer Leistungsgesellschaft verwurzelt sind. Jahrelang wurden wir darauf trainiert, uns einzuordnen, anzupassen und unser Leben „richtig“ zu leben. Dabei haben wir oftmals verlernt, die eigenen individuellen Talente zu nutzen und zu schätzen. Wenn wir selbst Eltern werden und das unangepasste Denken unserer Kinder beobachten, fühlen wir oft zwei Herzen in unserer Brust. Einerseits sind wir fasziniert vom Freigeist der Kinder, andererseits möchten wir, dass sie „funktionieren“, weil nur so unser Alltag in seinen üblichen Bahnen verlaufen kann.

Um dieser Zwickmühle zu entgehen, möchten wir dir anbieten, dein Kind ebenso als Lehrmeister zu betrachten, wie es dich als sein Lehrmeister sieht. Erlauben wir es doch, dass unsere Kinder uns auch an unsere eigene Individualität erinnern, statt sie in dasselbe Korsett zu pressen, das schon uns die Luft zum Atmen raubt. Denn unsere Kinder müssen nicht so werden, wie wir selbst sind. Wir sollten sie stattdessen dabei begleiten, sich selbst zu entdecken und sich auf ihre ganz individuelle Art und Weise auszudrücken. Die Frage ist daher, wer wir als Eltern werden müssen, um das auszuhalten. Wie viel alter Schmerz muss heilen, wie viel Frieden müssen wir mit unserer eigenen Vergangenheit schließen, damit wir dieser Aufgabe gewachsen sind? Und vor allen Dingen, wie können wir dazu beitragen, dass unsere Kinder – wenn sie selbst einmal erwachsen sind – sich diese Fragen nicht stellen müssen?

Lass uns dazu einmal einen Blick auf die Parabel „Schule der Tiere“[22] richten:

„Es gab einmal eine Zeit, da hatten die Tiere eine Schule. Der Unterricht bestand aus Rennen, Klettern, Fliegen und Schwimmen, und alle Tiere wurden in allen Fächern unterrichtet. Die Ente war gut im Schwimmen, besser sogar als der Lehrer. Im Fliegen war sie durchschnittlich, aber im Rennen war sie ein besonders hoffnungsloser Fall. Da sie in diesem Fach so schlech-

22 Soremba, Edith-Maria: Legasthenie muss kein Schicksal sein – Was Eltern tun können, um ihren Kindern zu helfen, Freiburg i.Br. 1995.

te Noten hatte, musste sie nachsitzen und den Schwimmunterricht ausfallen lassen, um das Rennen zu üben. Das tat sie so lange, bis sie auch im Schwimmen nur noch durchschnittlich war. Durchschnittliche Noten waren aber akzeptabel, darum machte sich niemand Gedanken außer der Ente selbst. Der Adler wurde als Problemschüler angesehen und unnachgiebig und streng gemaßregelt, da er, obwohl er in der Kletterklasse alle anderen schlug, darauf bestand, seine eigene Methode anzuwenden, nicht die, die seine Lehrer vorgaben.

Das Kaninchen war anfänglich im Laufen an der Spitze der Klasse, aber es bekam einen Nervenzusammenbruch und musste von der Schule abgehen wegen des vielen Nachhilfeunterrichts im Schwimmen.

Das Eichhörnchen war Klassenbester im Klettern, aber sein Fluglehrer ließ ihn seine Flugstunden am Boden beginnen, anstatt vom Baumwipfel herunter. Es bekam Muskelkater durch Überanstrengung bei den Startübungen und immer mehr ‚Dreien' im Klettern und ‚Fünfen' im Rennen.

Die mit Sinn fürs Praktische begabten Präriehunde gaben ihre Jungen zum Dachs in die Lehre, als die Schulbehörde es ablehnte, Buddeln in den Unterricht aufzunehmen.

Am Ende des Jahres hielt ein anormaler Aal, der gut schwimmen und etwas rennen, klettern und fliegen konnte, als Schulbester die Schlussansprache."

Die „Schule der Tiere" lässt sich leider auch auf unser Bildungssystem und das Familienleben übertragen. Viel zu oft vernachlässigen wir individuelle Stärken zugunsten von Angepasstheit. Wollen wir aus diesem Hamsterrad aussteigen, müssen wir in der Familie auf zwei Ebenen ansetzen. Zum einen müssen wir uns selbst aus der erlernten Anpassung befreien, zum anderen müssen wir wissen, wie wir unsere Kinder so begleiten, dass sie erst gar nicht in das Hamsterrad einsteigen.

Jede und jeder von uns ist mit ganz individuellen Talenten ausgestattet, die in jedem von uns wie Diamanten schlummern und darauf warten, entdeckt und freigelegt zu werden. Nimm dir gerne einmal einen Augenblick Zeit, um zu reflektieren. Lebst du deine Talente, bringst du dich als Geschenk in die Welt ein oder funktionierst du mehr oder weniger nur noch? Bist du oft entweder sehr angestrengt oder schnell gelangweilt? Beobachte, wie dies bei deinen Kindern ist, denn unsere Kinder halten uns immer den Spiegel vor. Sie wollen so sein wie wir. Sie machen uns alles nach. Wenn wir angestrengt oder gelangweilt sind, sind sie es auch. Sind wir voller Elan und Tatendrang, geht es unseren Kindern ähnlich. Sind wir ängstlich, sind unsere Kinder es auch. Sind wir mutig, sind unsere Kinder mutig. Deshalb wird unser Alltag mit Kindern um ein Vielfaches leichter, je mehr wir Eltern uns erlauben, unser Licht in die Welt zu strahlen, unsere Talente zu leben und uns selbst zum Ausdruck zu bringen.

In diesem Zusammenhang müssen wir auf das Thema Lob zu sprechen kommen. Denn wenn wir dazu beitragen wollen, dass unsere Kinder ihre individuellen Talente entdecken und behalten können, müssen wir aufhören, sie so viel zu loben. Damit meinen wir nicht, dass das Kind nicht positiv bestärkt werden soll. Es ist ein großer Unterschied, ob wir loben oder ermutigen. Denn wann immer wir unsere Kinder loben, machen wir sie abhängig von unserem Feedback und unserer Bestätigung. Das führt dazu, dass sie sich an ständiges positives Feedback gewöhnen und es immer mehr einfordern. „Schau mal, was ich kann …" – „Schau mal, was ich gemalt habe!" – „Habe ich das nicht toll gemacht?" Solche Sätze machen deutlich, dass ein Kind auf die Bestätigung von außen angewiesen ist. Gleichzeitig nutzen sich unsere Aussagen wie „Toll!", „Super!" „Gut gemacht!" nach und nach immer mehr ab. Nach dem fünften Bild mit nur zwei Strichen drauf oder dem zehnten Schaukelkunststück wäre es nicht mehr ehrlich und authentisch von uns, begeistert zu sein. Insofern ist es hilfreich, zwischen Lob und Ermutigung zu unterscheiden. Ein Lob auszusprechen bedeutet, eine positive Beurteilung über das Verhalten eines anderen abzugeben. Eine Ermutigung bestärkt einen Menschen und macht ihm Mut. Die beiden Verhaltensweisen haben also völlig unterschiedliche Zielsetzungen. Lob ist nur dann angemessen, wenn das Kind einen Erfolg erzielt hat. Wenn das Kind sein erstes Tor geschossen hat, das erste Mal ohne Hilfe Rad fährt oder uns den ersten selbst gebackenen Kuchen präsentiert – in all diesen Momenten ist ein Lob absolut angemessen. In Situationen, in denen das Kind etwas wiederholt, trainiert, ausprobiert oder versucht, tun wir gut daran, es zu ermutigen und positiv zu bestärken. Wir melden dem Kind zurück, dass wir es wahrnehmen: „Ich sehe, wie kreativ du beim Malen bist" oder „Du scheinst wirklich Spaß zu haben beim Radfahren" oder „Du wirst immer besser" – all das sind Sätze, mit denen wir dem Kind Mut schenken und es darin bestärken weiterzumachen. Wir lassen es wissen, dass wir es sehen und wahrnehmen und geben ihm Raum, sich selbst zu entdecken und zu erfahren, wer es wirklich ist. Denn es geht ja nicht darum, ob ich mag, was das Kind tut. Es geht darum, ob das Kind selbst mag, was es tut und dass es dabei echtes Selbstbewusstsein entwickelt

Durch zu viel Lob machen wir das Kind abhängig von unserer Bewertung. Loben führt leicht dazu, dass sich das Kind anpasst, um uns zu gefallen. Ermutigungen führen eher dazu, dass das Kind stolz auf sich selbst wird, sein individuelles Talent entdeckt und zum Ausdruck bringt. Wenn unsere Kinder abhängig sind von unserem Lob, sind sie gefangen im Kreislauf von Lob und Kritik. Denn sobald ein erwartetes Lob nicht geäußert wird, empfinden wir das schlimmer als eine ausgesprochene Kritik. Wenn wir beim Friseur waren und mit einer ganz neuen Frisur, vielleicht sogar mit einer neuen Haarfarbe nach Hause kommen und niemand etwas sagt, überlegen wir, ob wirklich niemand unsere Veränderung bemerkt oder ob unsere neue Frisur so scheußlich aussieht, dass sich keiner traut, etwas zu sagen. Würden wir in dieser Situation nicht eine ausgesprochene Kritik dem Schweigen vorziehen?

Leider sind nicht nur viele Kinder, sondern auch viele Erwachsene regelrecht gierig nach Lob und Anerkennung. Bleiben diese aus, beginnt der Selbstzweifel an ihnen zu nagen. Sie sind gefangen im Hamsterrad aus Leistungsdruck und Anpassung. Wenn wir diesen Kreislauf durchbrechen wollen, müssen wir unser Selbstwertgefühl neu bestimmen und Frieden mit uns schließen. Vor allen Dingen können wir aber unseren Kindern diesen Umweg ersparen, indem wir trennen zwischen Lob und Ermutigung.

Bernds Blick

Vor einigen Jahren kam einmal eine Gitarrenschülerin zu mir, die bereits einigen Unterricht erhalten hatte. In unserer ersten Stunde zeigte sie mir, was sie bisher so gespielt hatte, spielte mir ihre Lieblingsstücke vor und präsentierte mir ihr Gitarrenbuch. Als die Mutter am Ende der Stunde die Tochter abholte, fragte ich, wie lange ihre Tochter schon Unterricht hätte, und erfuhr, dass sie bereits zwei Jahre im Unterricht sei. Dafür waren ihre Fortschritte leicht unterdurchschnittlich, entscheidender jedoch war, dass sie noch kein Gefühl dafür hatte, wann ein Stück von der Übung zur Musik wurde. Sobald sie die Noten einigermaßen aneinanderreihen konnte, erwartete sie von mir explizit ein Lob. Allerdings ist das Aneinanderreihen von Noten noch keine Musik. Ohne von Kindern zu viel zu verlangen, können sie recht schnell einfache Melodien „schön“ spielen lernen. Sie schulen dabei ihr Gehör und ihr Musikgefühl. Wenn man sie jedoch zu früh lobt, beraubt man sie der Chance, diese Fähigkeiten zu entwickeln.

Natürlich konnten wir den ständigen Wunsch nach Lob mit der Zeit etwas zurückfahren und sie wurde eine gute, motivierte Gitarristin, die hoffentlich noch heute Spaß an ihrem Hobby hat.

Die drei Zauberfragen

Im Laufe der Jahre haben sich für uns drei „Zauberfragen" herauskristallisiert, die uns in unzähligen Momenten Orientierung geben konnten und uns geholfen haben, unsere Reaktionen zu steuern. Wir wollen diese Fragen in diesem Kapitel mit dir teilen und hoffen, dass sie dir denselben Dienst erweisen.

Die erste Zauberfrage: Was könnte schlimmstenfalls passieren?

Ich erinnere mich daran, wie happy ich war, als sich unsere zwei Kleinkinder das erste Mal zehn Minuten alleine beschäftigten, sodass ich in Ruhe den Fußboden saugen konnte. Herrlich! Als ich fertig war und zu den Kindern ging, wurde mir schnell klar, warum ich ungestört saugen konnte. Sie hatten einen Riesenspaß dabei, die Primeln und Veilchen, die ich am Vormittag mit ihnen eingepflanzt hatte, wieder auszubuddeln. Statt hübscher Blumentöpfe vor dem Hauseingang bot sich mir nun ein Schlachtfeld aus Erde und fünfzehn fein säuberlich ausgerupften Pflänzchen. Sie präsentierten mir stolz ihr Werk. Oder der Moment, in dem eine Tüte Mehl auf dem Balkon zu Schnee verwandelt wurde, weil es schon so lange nicht geschneit hatte. Oder als das Bad unter Wasser gesetzt wurde, weil es so Spaß machte, die Schräge in der Wanne herunterzurutschen. All diese Erlebnisse, die du bestimmt auch kennst, können unsere Nerven zum Zerreißen bringen und uns meckern lassen. Genau betrachtet, sind es jedoch harmlose Ereignisse. Denn wenn wir die erste Zauberfrage nutzen und uns fragen „Was könnte schlimmstenfalls passieren?“, dann müssen wir uns ehrlicherweise eingestehen, dass nichts passieren kann. Dass unsere Kinder weder sich noch andere Menschen damit in Gefahr bringen und auch nichts mutwillig zerstören. Sie sammeln lediglich Erfahrungen. Wenn wir in solchen Situationen explodieren, macht dies nur deutlich, dass uns in dem Moment andere Dinge wichtiger sind als unsere Kinder. Dass wir unseren Fokus auf andere Dinge richten als unsere Kinder.

Wir hatten beispielsweise eine Phase, in der unsere Kinder am liebsten in ihrem Kleiderschrank saßen. Um darin Platz zu finden, mussten sie erst alle Kleidungsstücke aus dem Schrank räumen. Solange wir erwarten, dass unsere Kinder sich nach unseren Vorstellungen verhalten, sind all diese Erlebnisse dazu geeignet, Streit zu bekommen oder zu meckern. Wenn wir uns aber angewöhnen, erst mal auf zehn zu zählen und die erste Zauberfrage zu stellen, können wir ruhig bleiben. Denn in den meisten Fällen sind die Ideen der Kinder großartig und harmlos. Gleichzeitig hilft uns die Frage „Was könnte schlimmstenfalls passieren?“ auch zu erkennen, wann wir eingreifen müssen. Denn wenn wir feststellen, dass sich das Kind selbst oder jemand anderen in Gefahr bringt, können wir eine Grenze setzen. Das Kind wird die Klarheit unseres Handelns verstehen und nachvollziehen.

Die zweite Zauberfrage: Würde ich das mögen?

Wir alle machen Fehler. Jeden einzelnen Tag. Wir kommen zu spät, vergessen etwas einzukaufen, unterbrechen jemanden im Gespräch oder saugen ein geliebtes Legoteilchen ein. Nichts davon geschieht absichtlich oder weil wir jemanden ärgern wollen. Wenn wir wegen dieser Dinge kritisiert oder gemaßregelt werden oder sich jemand über uns beschwert, fühlt sich das meistens nicht gut an. So geht es auch unseren Kindern: Sie mögen kein Gemecker und keine Kritik. Und so ist das mit vielen anderen Dingen auch. Wenn wir bestimmte Dinge nicht mögen, wieso sollen unsere Kinder sie mögen? Ich mag es zum Beispiel gerne, mir mein Essen selbst auf den Teller zu geben, weil ich dann bestimmen kann, wie viel ich essen möchte. Warum also sollten meine Kinder es mögen, wenn ich entscheide, was oder wie viel sie essen? Wann immer ich etwas selbst nicht mag, erwarte ich es auch nicht von unseren Kindern. Und dabei geht es nicht um die Dinge wie Essen oder Schlafen oder was auch immer. Es geht um die Ebene dahinter. Würde ich es mögen, wenn jemand anders für mich die Entscheidung treffen würde?

Die dritte Zauberfrage: Was würde die Liebe tun?

Neulich fehlten bei uns in der Küche viele kleine Schüsseln. Sie waren bei den Kindern in den Zimmern. Ich hatte schon am Tag davor darum gebeten, dass sie das Geschirr wieder in die Küche bringen. Aber es war nicht passiert. Natürlich hätte ich mich nun aufregen, über die Kinder beschweren oder rummeckern können. Stattdessen fragte ich mich „Was würde die Liebe tun?“ und atmete tief durch. Ich entspannte mich, erinnerte mich daran, was wirklich wichtig ist, und bat ganz entspannt darum, das Geschirr kurz zu bringen. Eine Minute später waren alle Schüsseln in der Spülmaschine und die Situation war gelöst. Niemand hatte ein schlechtes Gefühl, war genervt oder verärgert. Zudem war es eine Möglichkeit für unsere Kinder zu lernen, wie man Dinge ansprechen kann, die einen stören, ohne dass daraus ein Streit entsteht.

Bei der dritten Zauberfrage „Was würde die Liebe tun?“ geht es um die Qualität der Beziehungen. Denn es dient niemandem, wenn ich mein Kind für mein schlechtes Gefühl verantwortlich mache. Wichtig ist vielmehr, in einen echten Dialog zu kommen.

Dann kann ich auch liebevoll benennen, welches Bedürfnis ich gerade habe oder was mich stört. Im obigen Beispiel habe ich weder die Schüsseln in den Zimmern stehen lassen, noch habe ich sie selbst geholt. Ich habe einfach nur ausgedrückt, dass ich mir wünsche, dass sie mir gebracht werden. Solange ich diesen Wunsch ohne Vorwurf vortrage, bekomme ich von den Kindern Unterstützung für mein Anliegen.

Es geht im #gemeckerfreien Alltag freilich nicht darum, alles hinzunehmen und zu tolerieren. Es geht aber sehr wohl darum, die wohlwollende Absicht des Kindes zu erkennen. Zu bemerken, dass es Erfahrungen sammelt, und zu sehen, dass wir selbst nicht das Maß aller Dinge sind. Meine persönliche Meinung ist eine unter mehreren und wir sollten jedem Mitglied der Familie denselben Stellenwert und damit dieselbe Meinungsfreiheit zugestehen. Erst dann wird ein „gleichwürdiger"[23] Umgang möglich.

Wir sollten uns bewusst machen, dass gerade in unseren alltäglichen Handlungen deutlich wird, ob die Liebe zu den Kindern eine wahre und gelebte Liebe ist oder nur ein Lippenbekenntnis. Zwar lieben wir Eltern selbstverständlich alle unsere Kinder, doch wenn wir im Alltag unsere Macht ausüben und die Bedeutung von zurückgebrachtem Geschirr, rechtzeitigem Schlafengehen oder manierlichem Essen über die Beziehung zu unserem Kind stellen, wird es sich für das Kind in dem Moment so anfühlen, als würde es nicht geliebt. Und das wollen wir doch bestimmt alle unbedingt vermeiden.

---

23 Juul, Jesper: Nein aus Liebe. Klare Eltern – starke Kinder. München 2006.

Bernds Blick
Die drei Zauberfragen sind eine tolle Grundlage, um die eigenen Reaktionen zu überprüfen. Mit ihrer Hilfe konnte ich immer besser – auch und gerade in stressigen Situationen – statt emotional und mit Gemecker ruhig und besonnen auf meine Kinder reagieren. Ich entwickelte sozusagen einen sanften und gutmütigen Blick. Und dieser tut nicht nur unseren Kindern gut. Nein, ganz ehrlich, er ist insbesondere für mich selbst sehr heilsam und befreiend. Denn mithilfe dieser Fragen konnte ich die ganzen unsinnigen Bewertungen loslassen, mit denen wir Kinder maßregeln, ihnen Dinge verbieten oder uns aufregen, wenn sie – wie Uli so schön beschrieben hat – die Blumen wieder „auspflanzen". Wenn es uns als Eltern gelingt, sanft und ohne es persönlich zu nehmen auf unsere Kinder und ihr Verhalten zu schauen, dann hören wir auf zu erziehen, dann können wir anfangen, als Familie zu leben und gemeinsam eine wunderschöne Zeit zu haben.

Brauchen Kinder Regeln?

Diese Frage ist ein absoluter Klassiker. Auch wir sind über diese Frage immer und immer wieder gestolpert, haben nächtelang diskutiert, vieles ausprobiert und uns selbst hinterfragt. Wie oft haben wir mit den Kindern in mühsamen Diskussionen eine gemeinsame Regelung erarbeitet, die nach wenigen Tagen doch wieder nicht funktioniert hat. Es gab bei uns zum Beispiel einmal die Regel, dass die Hausaufgaben am Freitag erledigt werden, damit das Wochenende „schulfrei" ist. Doch dann war freitags das Wetter schön und wir wollten ins Freibad. Oder der Lieblingsfreund hatte nur am Freitag Zeit, aber das ganze Wochenende nicht. Oder es gab einfach irgendeinen Kummer bei einem Kind, sodass es nicht in der Verfassung war, seine Aufgaben zu erledigen. In solchen Situationen war es einfach nur mühsam und gegen das Leben gerichtet, diese Regeln durchzusetzen. Andererseits: Ausnahmen zu machen war unserer Erfahrung nach gleichbedeutend damit, die Regelung auszuhebeln. Denn welche Ausnahme ist schon gerechtfertigt? Ist mein Anliegen bedeutsamer als das meines Kindes? Wenn man bei dieser Frage jedem Familienmitglied das gleiche Stimmrecht einräumt, ist jede Regel sowieso sofort Geschichte.

Gleichzeitig gibt es natürlich Regeln, die zum Schutz unserer Kinder existieren und deren Einhaltung wir Eltern durchsetzen müssen. Anschnallen im Auto beispielsweise ist eine Notwendigkeit. Hier hilft uns auch die erste Zauberfrage aus dem letzten Kapitel „Was könnte schlimmstenfalls passieren?". Und wenn das lästige, aber harmlose Anschnallen schwere Verletzungen im Falle des Falles verhindern kann, macht die Regel sich anzuschnallen natürlich Sinn. Genauso ist es bei der Nutzung des Internets. Wir orientieren uns an den Altersbeschränkungen, um unsere Kinder vor verstörenden Inhalten zu schützen.

Regeln sind unserer Meinung nach also immer dort sinnvoll, wo das Kind eine Gefahr für sich selbst oder andere nicht einschätzen kann. Sobald ich die Frage, was schlimmstenfalls passieren könnte, nicht eindeutig beantworten kann, ist jede Regel obsolet. Und das ist bei den meisten Regeln, die das Zusammenleben strukturieren sollen, der Fall. Denn ob das Kind mal früher oder später schläft, das Zimmer heute oder morgen aufgeräumt wird oder mal zwei Wochen gar nicht, spielt unterm Strich keine Rolle. Solche Regeln dienen in erster Linie dazu, das Machtverhältnis zwischen Eltern und Kindern zu etablieren. Und sie funktionieren nur mit Zwang, Kampf und Strafen.

Es gibt einige Pädagogen, die empfehlen, auf Regelbrüche mit sogenannten logischen Konsequenzen zu reagieren.[24] Wer

---

24 Dinkmeyer, Don et al.: STEP – Das Elternbuch. Kinder ab 6 Jahre, Weinheim 2004.

das mit seinen Kindern bereits ausprobiert hat, weiß, dass Konsequenzen genauso beziehungsschädlich sind wie Strafen. Denn das, was uns Eltern logisch oder vernünftig erscheint, ist besonders für kleine Kinder oftmals ganz und gar nicht plausibel. Warum meinen wir, unser Kind maßregeln oder es in Form gießen zu müssen? Es mithilfe von Regeln zu Verhaltensweisen zu bringen, für die es sich nicht begeistert, statt uns einfach daran zu erfreuen, dass es sich stundenlang mit dem beschäftigen kann, was sein eigenes Interesse, seine intrinsische Motivation weckt. Jede Idee, Kinder über Regeln zu lenken, basiert auf der Überzeugung, dass ich als Erwachsener es besser weiß und deshalb die Kinder dazu bringen muss, Dinge zu tun, an denen sie kein Interesse haben. Damit mache ich das Kind zum Objekt und setze mich über die Beziehung zu meinem Kind hinweg. Oft erwarten wir von unseren Kindern sogar mehr Regeltreue, als wir selbst bereit sind zu leisten. Oder bist du noch nie schneller gefahren, als die Geschwindigkeitsbegrenzung es vorgegeben hat?

Unserer Erfahrung nach kooperieren Kinder sehr gerne mit uns Eltern. Und zwar besonders dann, wenn sie sich geliebt und geborgen fühlen. Dazu benötigen wir keine Regeln. Viele unserer Teilnehmerinnen und Teilnehmer berichten beispielsweise, dass ihre Kinder auf einmal beginnen, von sich aus Frühstück vorzubereiten, kleine Botschaften für die anderen Familienmitglieder zu schreiben und gemeinsam Zeit verbringen zu wollen. Wir Menschen sind soziale Wesen. Solange wir uns wohlfühlen, helfen und unterstützen wir einander gerne. Kinder werden erst dann unkooperativ, wenn sie sich selbst nicht gesehen oder unterstützt fühlen. Kinder wünschen sich, dass wir ihnen vertrauen. Dass wir daran glauben, dass sie ihr Bestes geben. Sie wünschen sich, dass wir ihnen die Möglichkeit geben, eigene Erfahrungen zu sammeln.

Wenn wir die Beziehung zu unseren Kindern konsequent an die erste Stelle setzen, brauchen wir im Alltag nur dann Regeln, wenn wir unsere Kinder vor Gefahren schützen müssen. In den meisten Fällen sind dies jene Regeln, an die auch wir Erwachsenen uns halten. Und dass wir uns daran halten, macht es wiederum für unsere Kinder leichter, sie zu akzeptieren.

In allen anderen Fällen brauchen wir keine Regeln, sondern liebevolle Klarheit. Wir dürfen unsere Kinder mit Liebe führen. Hierbei kommt es darauf an, wie klar ich selbst bin und wie ich auftrete. Ich kann sagen: „Schätzchen, es wäre lieb, wenn du deine Tasche mit in dein Zimmer nehmen könntest." Unserer Erfahrung nach liegt die Tasche dann noch tagelang am selben Fleck. Wenn wir dagegen klar sind und dies auch durch unsere Mimik, Gestik, Worte und unseren Tonfall ausdrücken, dann werden wir auch gehört werden. „Kind, gehst du gerade in dein Zimmer?" – „Ja." – „Dann nimm bitte deine Tasche mit."

Wir können Menschen sogar ohne Worte führen. Das funktioniert auch bei Kindern. Wenn du dein Kind zu Bett bringen willst, aber selbst ganz hibbelig und nervös bist, dann dauert es Stunden, bis das Kind neben dir einschläft. Wenn du dich aber danebenlegst, ruhig atmest und entspannst, kann sich das Kind an dir orientieren und zur Ruhe kommen. Damit führst du das Kind. Oder wenn ein Kind schnell und hektisch sein Essen hinunterschlingt, kannst du ganz gezielt und bewusst langsam essen und dir vorstellen, wie sich dies auf dein Kind überträgt. Du darfst dein Kind voller Liebe anleiten. Dazu braucht es keine Regeln, kein Geschrei, kein Gemecker. Was es allerdings braucht, ist, dass du weißt, was du willst, und dir die Zeit nimmst, dein Kind dahin zu begleiten. Führen mit Liebe erfordert deine Aufmerksamkeit. Deine Bereitschaft, euer Zusammenleben zu formen. Je mehr du selbst in dir ruhst, umso leichter kannst du dein Kind mit liebevoller Klarheit führen.

Wenn ihr eure Kinder mit Liebe führt, statt sie durch Vorschriften zu reglementieren, wird vieles sehr viel leichter werden. Die ständigen Diskussionen werden wegfallen. Die Streitereien oder Machtkämpfe um nicht eingehaltene Regeln werden der Vergangenheit angehören. Und du selbst musst dich sehr viel weniger ärgern. Es geht nicht mehr darum, die Kinder zu erziehen, sondern darum, wie ihr miteinander eine gute und schöne Zeit verbringen könnt. Dennoch werden eure Kinder alle notwendigen Regeln problemlos befolgen, weil sie keinen Grund mehr haben, dagegen aufzubegehren. Erstens gibt es viele Bereiche, in denen sie selbst entscheiden können. Und zweitens existieren einfach nur ganz wenige feste Regeln, deren Sinnhaftigkeit auch niemand infrage stellt.

Bernds Blick

Ich habe mich vor Kurzem mit einem Malermeister unterhalten, der kurz vor dem Ruhestand steht. Er hat jahrzehntelang Azubis begleitet, darunter auch einige Jugendliche, die von einer Freien Schule kamen. An diesen Freien Schulen können die Kinder sehr viel selbst entscheiden, es gibt nur sehr wenig Regeln und der Unterricht ist vornehmlich an den Interessen der Kinder orientiert. Der Malermeister berichtete mir, dass die Azubis, die zuvor auf einer Freien Schule waren, also weniger durch Regeln gelenkt wurden, viel besser in der Lage waren, wichtige Regeln – z.B. bezüglich Arbeitsschutz – zu befolgen. Und sie hatten auch eine höhere Bereitschaft, unangenehme Arbeiten zu erledigen, wenn er sie darum gebeten hat. Ähnlich erlebe ich das auch mit unseren Kindern: Je weniger fragwürdige Regeln wir aufstellen, umso leichter können ein paar wenige und essenzielle Regeln akzeptiert und eingehalten werden.

Aus Wunden Wunder machen

Du bist die beste Mama, der beste Papa für deine Kinder. In jedem einzelnen Moment und auch in den Momenten, in denen du selbst gerade mit dir haderst. Mir half in solchen Momenten, in denen ich mein Bestes gab und dennoch scheiterte, ein schöner Gedanke aus dem Kinderbuch „Ich bin das Licht" von Neale Donald Walsh[25]. Auf den Punkt gebracht, besagt dieser Gedanke, dass sich Kinder ihre Eltern auswählen, weil sie mit ihnen bestimmte Erfahrungen machen wollen. Dafür müssen weder wir Eltern noch unsere Kinder perfekt sein. Ein weiterer Gedanke in diesem Buch ist, dass wir erst durch die Polarität – durch Licht und Schatten – erkennen können, was wir wirklich wollen. Will heißen: In unserem Verständnis gibt es keine Fehler oder zumindest sind Fehler nicht bedrohlich. Ein Fehler ist lediglich eine Erfahrung, die wir im Nachhinein als negativ bewerten und die uns ermöglicht, beim nächsten Mal anders zu agieren. Ich bin davon überzeugt, dass die Hartnäckigkeit, mit der Bernd und ich in all den Jahren an unserer Beziehung gearbeitet haben, auch durch die Trennungen unserer Eltern befördert wurde. Wir wollten es einfach besser machen. Somit waren die Trennungen unserer Eltern für uns eine Chance, daraus zu lernen. Wir möchten dich also einladen, all die vermeintlichen „Fehler" genauso – nämlich als Chance – zu betrachten, statt dich über Vergangenes zu grämen

Auf der Reise hin zu einem #gemeckerfreien Alltag geht es immer darum, bewusst auf das eigene Herz zu hören, die eigene Intuition zu entdecken und dies zu einer unbewussten Kompetenz zu machen. Dann stellt sich uns nicht mehr die Frage, welche Regeln es braucht oder ob ein Kind erzogen werden müsste – einfach weil wir genau fühlen, was in der jeweiligen Situation passend ist. Dann kann es sein, dass es an einem Tag mal viele

25 Walsch, Neale Donald: Ich bin das Licht. Die kleine Seele spricht mit Gott, Roßdorf 1999.

Süßigkeiten gibt und am nächsten Tag nach einem Stück Schokolade Schluss ist. Oder Tage, an denen die Kinder zu üblichen Zeiten zu Bett gehen, und andere, an denen sie bis spät in die Nacht spielen. Tage, an denen du dein Kind daran erinnerst, Klavier zu üben, und andere, an denen dies ausfällt, weil das Kind gerade viel Spaß mit seinen Freunden hat.

Die Frage „Was würde die Liebe tun?“ ist dein ständiger Begleiter und leitet dich durch deinen Alltag – unabhängig von allen Maßstäben, was richtig oder falsch sein könnte. Du hast alle „mans“ in der tiefsten Tiefsee versenkt und stattdessen begonnen, voller Freude das Leben zu kreieren, das zu dir als Familie passt. Denn genau darum geht es: zu verstehen, dass du dein Leben in jedem Moment neu gestalten kannst.

Aktuell steht bei uns als nächster Schritt die gemeinsame Weiterentwicklung unserer Familienvision an. Natürlich haben Bernd und ich immer wieder die Vision für unsere Familie erarbeitet (siehe „Geplatzte Träume“, Seite 49). Doch nun werden wir unsere Familienvision zum ersten Mal gemeinsam mit unseren Kindern entwickeln. Denn gerade jetzt, wo die beiden großen am Ausziehen sind, gilt es zu definieren, wie wir uns als Familie auch über die Zeit der eigentlichen Kindheit hinaus verstehen wollen. Denn wir selbst sind die Schöpfer unserer Wirklichkeit. Statt Angst zu haben, ob wir auch weiterhin eng verbunden sein werden, oder uns an die Vergangenheit zu klammern, kreieren wir gemeinsam unsere Zukunft. Dabei dürfen wir ruhig über unsere Eltern, die Gesellschaft und uns selbst hinauswachsen. Wir dürfen neue Pfade gehen und alles auf den Prüfstand stellen, was sich nicht gut anfühlt und uns nicht dient. Nur so kann sich Gesellschaft weiterentwickeln, nur so können unsere Lebensformen immer besser werden. Deshalb begleitet uns immer die Frage, was wir neu denken können, welche Möglichkeiten es noch gibt. Wie können wir über unsere Vergangenheit hinauswachsen? Wenn du magst, probiere einmal aus, wie viel leichter euer Alltag wird, wenn ihr einfach der Freude folgt. Ja, dann gibt es eben mal Nudeln mit Pesto zum Frühstück. Oder Lachkrämpfe statt rechtzeitigem Schlafengehen.

Es ist das Hier und Jetzt, das zählt. Der eine glückliche Moment. Statt den Erinnerungen an die Vergangenheit nachzuhängen oder Angst vor der Zukunft zu haben, gilt es, die Gegenwart zu genießen. Auf eure eigene ganz individuelle und einzigartige Art. Wenn du *Ja* zu dir sagst und dich neu in dich verliebst, geht dieser Weg leicht. Und wenn einmal Ärger oder negative Emotionen vorbeikommen, dann erinnere dich daran, dass jede Emotion Energie ist und alle deine Emotionen folglich deine Energie sind. Diese Energie kannst du nutzen und damit dein Energielevel erhöhen. Im Coaching arbeiten wir dazu mit dem Bild eines inneren Feuers, das wir mit all unseren Emotionen entfachen können. In der Folge gelingt es, den Widerstand gegen negative Gefühle abzulegen und die Energie daraus zu nutzen. Damit begibst du dich auf den Weg, deine Vergangenheit hinter dir zu lassen, und fängst an, aus deinen Wunden Wunder zu machen. Denn unsere unangenehmen vergangenen Erlebnisse drangsalieren uns nur so lange, wie wir dies zulassen. Sobald wir uns für eine neue Perspektive öffnen und auch in schmerzhaften Erlebnissen das Geschenk entdecken, werden unsere Wunden zu Wundern und unserer größten Kraft. Dadurch leben wir unseren Kindern vor, dass sie selbst in jedem Moment ihres Lebens neu wählen und entscheiden können, wie sie ein Erlebnis für sich einordnen. Wenn wir überzeugt sind, dass unser Leben für uns ist und uns dient, dann gibt es nur diesen Weg, um aus jedem Ereignis gestärkt hervorgehen zu können. Damit leben wir unseren Kindern vor, dass das Leben lebendig ist, nicht starr oder festgefahren, und dass es möglich ist, immer wieder neu über sich selbst hinauszuwachsen.

Für mich persönlich ist dieser Gedanke Balsam für meine Seele, denn ich weiß, dass ich oftmals „falsch" gehandelt habe, nicht der Liebe gefolgt bin, sondern meinen Stress an meinen Kindern ausgelassen habe. Auch wenn ich in diesen Momenten mein Bedauern gezeigt und mich bei meinen Kindern entschuldigt habe, hatte ich viele Jahre Sorge, dass mein Verhalten zu Schäden bei unseren Kindern geführt haben könnte. Seit ich weiß, dass wir alle in der Lage sind, aus unseren Wunden Wunder zu machen, bin ich ruhiger. Denn ich kann diesen Gedanken auch meinen Kindern mitgeben. Damit mache ich das Geschehene nicht rückgängig, aber ich kann meinen Frieden damit schließen, weil ich darauf vertrauen kann, dass es ihnen auch gelingen wird, negative vergangene Erlebnisse zu bewältigen, indem sie aus ihren eigenen Wunden Wunder machen.

Wenn ich Frieden mit mir schließe, trage ich Frieden in meine Familie und Frieden in mein Umfeld. So kann ich mit meiner persönlichen Reise ein kleines Stückchen beitragen zum Wohl unserer Welt. Denn wir alle – du und ich – sind bedeutsam für diese Welt. Wie wir heute mit unseren Kindern umgehen, entscheidet darüber, wie unsere Gesellschaft in Zukunft funktioniert. Ich stelle mir dazu gerne vor, wie es sein wird, wenn ich alt bin. Falls ich dann auf Hilfe angewiesen sein werde, würde ich mir wünschen, dass mich Menschen umgeben, die mich nicht als Pflegefall, sondern als Person wahrnehmen. Die mir in die Augen schauen und Mitgefühl mit mir empfinden, anstatt mir meine Gebrechen mit Diagnosenamen in Latein zu erklären. Bernd und ich sind fest davon überzeugt, dass wir nur dann in einer solchen Gesellschaft leben werden, wenn wir heute unsere Kinder voller Liebe in ihr Leben begleiten. Wenn die Beziehungen, die wir zueinander haben, immer wichtiger sind als Erfolg im Job oder andere äußere Erfolgsfaktoren. Wenn unsere Kinder jeden Tag erfahren, dass sie bedingungslos geliebt werden.

Liebe geben können wir nur dann, wenn wir selbst uns geliebt fühlen. Wenn wir selbst fühlen, wie besonders, einzigartig und liebenswert wir sind. Dabei ist es niemals zu spät, diese Reise zu starten. Ganz gleichgültig, wie alt deine Kinder heute sind, für die Erkenntnis, dass wir alle aus Liebe gemacht sind und dass Liebe die stärkste Kraft im Universum ist, ist es nie zu spät.

Dann kannst du die Antwort deines Lebens Liebe sein lassen und den Zauber erleben, den unsere Teilnehmer und auch wir selbst immer und immer wieder bestaunen.

Bernds Blick

„Ja, wenn es denn so einfach wäre!“ So oder so ähnlich war meine Reaktion, als ich zum ersten Mal hörte, dass wir aus Wunden Wunder machen können. Natürlich war die Idee bezaubernd, aber war sie nicht zu schlicht, zu einfach? Lange Zeit trug ich so etwas wie einen kleinen „Bußknecht“ in mir, der penibel darauf achtete, dass ich mich immer schön an meine „schlechten“ Taten erinnerte. Und ich hatte keine Ahnung, wie ich diesen Kerl loswerden sollte. Er war mir ein Gräuel, aber wie sollte ich ihn abschütteln?

Wie so häufig war auch hierfür die Lösung ganz simpel: Ich fing an, mir selbst zu vergeben. Ich konnte ja in jedem Moment neu entscheiden, wie ich Dinge betrachtete und bewertete. Also konnte ich auch entscheiden, liebevoller mir selbst gegenüber und gegenüber meinen Kindern zu sein. Der Weg von der Selbstvergebung zur Selbstliebe war für mich der Start in ein neues Leben, in ein neues Ich. Ich bekomme heute noch Gänsehaut und einen Anflug von Tränen in den Augen, wenn ich daran denke, wie einfach dieser Schritt ist und wie schwer er für viele zu sein scheint. Ich wünsche dir genug Mut und Neugier, um auch deinen Weg zu finden. Wie jede Reise beginnt auch dein Weg mit einem ersten Schritt. Viel Erfolg!

5. Kritik an #gemecker**frei**

Kritikpunkt 1: #gemecker**frei** ist ein scheinharmonischer Einheitsbrei

„Ihr tut gerade so, als wäre Familie immer rosarot und harmonisch. Aber so ist das Leben nicht. Gemecker gehört einfach dazu. Es ist schlicht unrealistisch, etwas anderes zu behaupten." Das ist einer der Kritikpunkte an #gemeckerfrei, die uns oft begegnen. Wir können diesen Punkt gut verstehen. Denn gerade wenn jemand noch keine Vorstellung hat, wie ein #gemeckerfreier Familienalltag aussehen kann, ist diese Reaktion absolut verständlich.

Auch wir, Bernd und ich, haben früher gemeckert. Wir sind laut geworden und waren unfair. Doch heute passiert das so gut wie nie mehr. Das bedeutet jedoch nicht, dass wir unsere Emotionen unterdrücken. Jeder darf – und soll – sich mitteilen und den Alltag mitgestalten. Wir leben Familie als Gemeinschaft und dabei ist die Mitwirkung aller Beteiligten unerlässlich. Natürlich läuft auch einem von uns mal eine Laus über die Leber. Daraus folgt jedoch nicht, dass man andere angreift oder sich jemand angegriffen fühlt. Üblicherweise findet sich bei uns immer jemand, der mit Empathie und Mitgefühl reagieren kann – auch weil jeder selbst Empathie und Mitgefühl erlebt, wenn es ihm selbst mal nicht so gut geht.

Nur weil Emotionen nicht eskalieren, bedeutet das ja nicht, dass sie nicht da sind. Sobald du beginnst, dein Leben aktiv zu gestalten und das Gesetz der Anziehung für dich zu nutzen, übernimmst du auch die Verantwortung für deine Gefühle. Das lernen auch die Kinder. Die Folge ist, dass wir andere nicht dafür verantwortlich machen können, dass es uns gerade schlecht geht. Deswegen kommt es viel seltener vor, dass sich starke negative Emotionen entwickeln. Es ist wie bei einer Erkältung: Wenn du beim ersten Halskratzen langsam machst und dich schonst, bist du in der Regel viel schneller wieder fit, als wenn du weiterarbeitest, bis du Fieber bekommst, und dir erst dann Ruhe gönnst. Genauso ist es bei Beziehungen. Wenn wir schon bei kleinen Störgefühlen reagieren, können wir Schlimmeres vermeiden.

#gemeckerfrei zu leben bedeutet auch, keine Angst vor negativen Gefühlen zu haben. Stattdessen wissen wir, wo wir als Familie hin wollen, und vertrauen darauf, dass wir alle Schwierigkeiten gemeinsam meistern werden. Wir wollen nicht perfekt sein, sondern sagen generell Ja zum Leben – mit allem, was dazugehört. Und selbst wenn es mal laut werden sollte, wäre das nicht schlimm. So ist das Leben. Wenn ich möchte, kann ich es das nächste Mal ja besser machen.

Kritikpunkt 2: Streit gehört dazu und Kinder müssen streiten lernen

Müssen Kinder wirklich streiten lernen? Hilft ihnen das und macht es sie beziehungsfähiger? In den meisten Streitsituationen geht es darum, wer gewinnt und wer der Stärkere ist. Oder wer derjenige mit den besseren Argumenten oder mit der größeren Gruppe an Unterstützern ist. Es geht immer darum, jemand anderen auszustechen und sich selbst zu behaupten oder zumindest nicht unterzugehen. Manche Meinungsverschiedenheiten werden sogar mit Handgreiflichkeiten „gelöst" und man geht mit Blessuren auseinander.

Ich weiß nicht, wie es dir geht, aber bei mir haben Streits selbst im Triumph ein schales Gefühl hinterlassen. Von der inneren Pein, wenn man verloren hatte, mal ganz abgesehen. Ich kann mir weder vorstellen noch will ich glauben, dass Kinder das lernen müssen. Nach unserer Überzeugung ist es wichtiger, dass Kinder lernen, wie sie mit anderen Menschen unterschiedliche Bedürfnisse aushandeln. Kinder müssen lernen, dass es in Ordnung ist, mitfühlend zu sein. Dass es im Leben keine Gewinner und Verlierer geben muss, sondern dass wir gemeinsam füreinander da sein dürfen. Es gehört zu den menschlichen Grundbedürfnissen, dass wir uns mit anderen Menschen verbinden wollen. Auch oder gerade dann, wenn es dem anderen nicht gut geht. Wir glauben nicht, dass es dazu laut werden muss. Wir sind fest davon überzeugt, dass Streit uns nicht weiterbringt.

Denn auch wenn wir streiten „können", drücken wir dabei oft nicht das aus, was uns wirklich auf der Seele brennt. Stattdessen schweigen wir über unsere Wünsche und Bedürfnisse, weil wir eben nicht gelernt haben, darüber zu sprechen und zu artikulieren, was wir selbst wünschen. Wir fressen die Dinge lieber so lange in uns hinein, bis wir irgendwann explodieren. Nicht selten haben wir uns dies leider von unseren Eltern abgeguckt.

Streiten zu können bedeutet, einen Weg zu finden, mit den emotionalen Entladungen umzugehen – denen der anderen und unseren eigenen. Das muss ich aber nur lernen, wenn ich es für gegeben halte, dass wir unausgesprochene Kritikpunkte mit uns herumschleppen. Ich muss nur dann streiten können, wenn ich glauben will, dass wir immer wieder Phasen emotionaler Anspannung erleben, die durch Streit entladen werden muss. Wenn wir stattdessen jedoch alles direkt besprechen, entsteht erst gar kein emotionaler Stau (unsere Frustsäule füllt sich nicht auf), der sich irgendwann entladen muss. So gesehen setzt die Idee, Streiten lernen zu müssen aus unserer Sicht an der falschen Stelle an, weil sie ein Problem zu lösen versucht, das gar nicht zwingend entstehen muss. Statt unseren Kindern Streiten beizubringen, können wir also dafür sorgen, dass sie ihre Emotionen erst gar nicht in sich hineinfressen. Dann wird unser aller Alltag entspannter.

Wir wünschen uns, dass unsere Kinder sie selbst sein dürfen. Wir wünschen uns, dass alle Menschen einander unterstützend begegnen und sich gegenseitig guttun. Dass jeder seine Eigenheiten, seine Verletztheiten, seine individuellen Bedürfnisse haben und äußern darf. Dass wir lernen, uns weniger zu triggern und uns stattdessen die Frage stellen, wie unser Miteinander für alle Beteiligten noch wohltuender sein kann. Das ist unser Weg. Er gelingt uns nicht immer, aber immer öfter.

Der Weg, den wir selbst als Kinder gelernt haben, dass nämlich Streit wichtig ist und dazugehört, hat uns persönlich nicht geholfen, all diese Kompetenzen, die für einen #gemeckerfreien Familienalltag wichtig sind, zu entwickeln. Deshalb gehen wir mit #gemeckerfrei einen anderen Weg. Denn der Frieden in der Welt beginnt mit dem Frieden zu Hause und mit dem Frieden in mir selbst.

Kritikpunkt 3: Ohne Regeln und Grenzen geht es nicht

„Das Leben ist kein Ponyhof, der Alltag sieht anders aus, spätestens wenn die Kinder in die Schule kommen, müssen sie funktionieren." Müssen sie?

Wir beklagen uns einerseits über das Bildungssystem, andererseits wollen wir unsere Kinder genau so formen, dass sie in dieses System hineinpassen. Wie soll sich im Großen etwas verändern, wenn wir nicht mal im Kleinen dazu bereit sind? Wäre es nicht an der Zeit, neue Wege einzuschlagen? Unsere Kinder von heute werden keine Fließbandjobs mehr machen, weil dies dann Roboter erledigen. Vermutlich werden sie sogar viele verschiedene Jobs ausüben, weil unser Leben immer schnelllebiger wird und es nicht ausreicht, einen Beruf zu erlernen und diesen bis zur Rente beizubehalten. Stattdessen ist die Fähigkeit des lebenslangen Lernens gefragt. Die innere Bereitschaft, sich immer und immer wieder auf Neues einzustellen. Dazu brauchen wir ein flexibles Denken. Wir müssen lernen, in Variationen und Alternativen zu denken. Dies können wir allerdings nicht ausbilden, wenn wir uns immer wieder in ein festes Regelwerk integrieren müssen. Wir müssen eigenständige Erfahrungen machen dürfen, um in der Lage zu sein, uns schnell auf veränderte Gegebenheiten einstellen zu können. Die Psychologin Karin Großmann[26] konnte in verschiedenen Studien zeigen, dass Kinder, die mit weniger Verboten und Regeln konfrontiert waren, sich leichter anpassen können – weil sie es nicht so oft müssen. Das bedeutet, ein großer Freiraum in der Kindheit befähigt uns zum einen dazu, die Fähigkeit zur Variation und Adaption auszubauen. Zum anderen werden diese Kinder mit den vielfältigen Anforderungen im späteren Leben besser zurechtkommen und können sich auch einfügen, wenn sie selbst erkennen, dass es erforderlich ist.

An dieser Stelle möchten wir noch einen Blick auf die Veränderung der Kindheit in den letzten dreißig Jahren richten. Wenn wir unsere Teilnehmer nach ihrer Kindheit fragen, bekommen wir immer sehr ähnliche Antworten: „Wir waren vormittags im Kindergarten, aber nachmittags haben wir mit unseren Freunden gespielt – am liebsten draußen. Und wenn die Glocke schlug, mussten wir nach Hause." Für die meisten von uns war also lediglich der Vormittag mit Kindergarten oder Schule verplant und am Nachmittag gab es reichlich Zeit zur freien Verfügung – ohne Kontrolle und feste Strukturen. Nachmittags konnten wir eigene Erfahrungen sammeln, mutig sein, uns ausprobieren. Wir wussten, dass wir Grenzen überschritten, und taten es dennoch. Weil der Nachmittag uns gehörte, konnten wir uns am Vormittag in der Kita oder Schule besser einfügen und anpassen.

---

26 Grossmann, Karin und Klaus E.: Bindung und menschliche Entwicklung: John Bowlby, Mary Ainsworth und die Grundlagen der Bindungstheorie, Stuttgart 2020.

Aufgrund der veränderten Lebensbedingungen nimmt die Zeit, die Kinder heute in der Betreuung verbringen, immer weiter zu. Bereits 2015 betrug die durchschnittliche wöchentliche Verweildauer eines Kindes in der Kita 38 Stunden.[27] Im Vergleich zur reinen Vormittagsbetreuung von früher hat sich die Zeit, die ein Kind in der Kita verbringt, also fast verdoppelt. Gleichzeitig werden die Kinder heute viel früher fremdbetreut. Damit ist die Kindheit heute sehr viel stärker institutionalisiert als früher und unsere Kinder sind früher und öfter gefordert, sich in eine größere Gemeinschaft mit all ihren Regelungen einzufügen. Wenn wir dann auch den häuslichen Alltag noch zusätzlich überregulieren, nehmen wir unseren Kindern die Luft zum Atmen und behindern ihre freie Entwicklung.

Selbstverständlich muss jede Familie für sich entscheiden, wie sie den Alltag der Kinder organisiert und wie lange diese in der Kita bleiben. Uns ist nur wichtig aufzuzeigen, dass die Kinder heute – wenn sie längere Zeiten in Kita und Schule verbringen – per se mehr gefordert sind, sich anzupassen, als wir das früher mussten. Deshalb ist es unserer Meinung nach wichtig, die Gestaltung des häuslichen Alltags entsprechend frei einzurichten.

Vermutlich haben wir alle dasselbe Ziel: Wir alle wollen unsere Kinder gut auf ihr Erwachsenenleben vorbereiten. Wir sind jedoch auch der Auffassung, dass der Weg über Regeln und Grenzen ein Holzweg ist. Probiere es gerne aus. Für uns und unsere Kinder war und ist der #gemeckerfreie Weg sehr befreiend. Wir sehen an unseren beiden erwachsenen Kindern, dass sie absolut in der Lage sind, genau zu erkennen, wann es notwendig ist, sich einzufügen, und dann gelingt es ihnen problemlos.

---

27 www.spiegel.de/politik/deutschland/kita-betreuungszeiten-fuer-kinder-werden-immer-laenger-a-991879.html

Kritikpunkt 4: „Das ist ja voll antiautoritär"

In der antiautoritären Erziehung wurde den Kindern eine Verantwortung für sich selbst übergeben, die zu tragen sie nicht in der Lage waren. Die Eltern der 1960er-Jahre hatten solche Angst, autoritär zu sein, dass sie komplett übers Ziel hinausgeschossen sind. In unseren Augen sind unsere Kinder gleichwertig und gleichwürdig, aber eben nicht gleichberechtigt. Als Eltern sind wir für ihr Wohlergehen verantwortlich. Und das bedeutet auch, dass wir sie liebevoll und klar führen. Durch unsere innere Haltung und die Überzeugung, dass wir alle in jedem Moment unser Bestes geben, können wir unsere Kinder führen. Dazu gehört, bereit zu sein, Zeit mit den Kindern zu verbringen, die Kinder in den Fokus zu nehmen, sie zu begleiten und in der Hingabe Erfüllung zu finden. Weiterhin elementar ist die Bereitschaft, sich selbst immer weiterzuentwickeln – mit dem Ziel, immer stabiler in sich selbst zu ruhen. Dann ist ein #gemeckerfreier Familienalltag alles andere als antiautoritär.

Kritikpunkt 5: Kinder haben nun mal schwierige Phasen

„#gemeckerfrei funktioniert nicht, weil Kinder nun mal schwierige Phasen haben, und dann ist es unmöglich, ruhig zu bleiben." Wir glauben das nicht. Wir glauben vielmehr, dass die „schwierigen Phasen" daher rühren, dass die Kinder auf uns reagieren. Neulich beispielsweise ging es mir nicht besonders gut. Ich war angestrengt von den Einschränkungen durch die Corona-Pandemie und auch das schlechte Wetter schlug mir aufs Gemüt. Just an diesem einen Tag kam unser jüngstes Kind zu mir und jammerte über den Lockdown der Corona-Pandemie und beklagte sich, wie doof das doch alles sei und dass es keinen Bock mehr habe. Durch unsere #gemeckerfrei-Reise konnte ich sofort sehen, dass es auf mich reagierte. Dadurch konnte ich es noch liebevoller begleiten und die Situation verändern, indem ich bei mir selbst ansetzte.

Die Vorstellung, dass Kinder schwierige Phasen haben, an denen wir nichts ändern können, ist uns zu passiv und zu destruktiv. Wir verfolgen lieber den Weg, dass wir unser Leben in jedem Moment selbst gestalten können. Davon sind wir zutiefst überzeugt.

6. Schluss

#gemeckerfrei leben zu wollen bedeutet, eine veränderte Sicht auf das Leben zu entwickeln. Es bedeutet, immer tiefer einzusteigen in den Gedanken, dass unser Leben uns in jedem Moment dient. Es bedeutet, aufzuhören, Schuld zuzuweisen, anzuklagen oder zu jammern. Stattdessen glauben zu wollen, dass alles, was uns begegnet, ein Geschenk für uns beinhaltet – und wenn es nur so ist, dass wir anschließend besser wissen, wie wir etwas haben wollen.

In unserer Familie haben wir die Erfahrung gemacht, dass unser Leben so viel einfacher wird, wenn wir dem Prinzip folgen: Sieh, was ist – erkenne das Gute – vergib den Rest.

#gemeckerfrei werden zu wollen, heißt auch, sich von der Vorstellung zu lösen, dass es ein „Richtig und Falsch" gibt. Dass wir unseren Job als Eltern nur dann gut machen, wenn wir bestimmten Vorstellungen oder Ideen folgen. Stattdessen wollen wir Leistungsdruck und Perfektionismus mehr und mehr hinter uns lassen und Freude daran entwickeln, uns selbst besser kennenzulernen und zu erleben, wie wir unser Herz immer weiter öffnen können. Je weiter wir unser Herz öffnen, umso besser fühlen wir, was stimmig ist und was nicht.

Wir wollen immer davon ausgehen, dass unser Partner und unsere Kinder stets ihr Bestes geben und niemand absichtlich Fehler macht oder andere Menschen verletzt. #gemeckerfrei mit unseren Kindern zu sein ermöglicht uns, die Liebe fließen zu lassen und mit unseren Liebsten die Beziehungen zu gestalten, nach denen wir uns schon immer gesehnt haben.

#gemeckerfrei bedeutet auch, sich selbst zu befreien. Das Angepasstsein hinter sich zu lassen, sich selbst wieder zu fühlen, lebendig zu werden. Den Diamanten in uns wieder freizulegen. Jeden Tag ein bisschen mehr und dadurch immer mehr das Leben zu leben, für das wir brennen. Kindliche Leichtigkeit und Spaß wieder in unseren Alltag einzuladen und mit unseren Kindern zusammen zu genießen. Das Einzige, was wir erreichen wollen, ist das Glück im Moment zu finden. Die Melodie unserer Seele wieder zu fühlen, das Prickeln, das einen lebendig und so freudvoll mit uns verbunden fühlen lässt.

#gemeckerfrei zu sein bedeutet, die eigene Härte, den Leistungsdruck, die Ängste zu transformieren und liebevoll mit sich selbst zu werden. Und wie man in den Wald hineinruft, so schallt es heraus: Je sanfter du mit dir wirst, umso entspannter wirst du mit deinen Kindern werden.

#gemeckerfrei zu sein bedeutet auch, Kindern Raum zu schenken, in dem sie sich ausprobieren können. Zu verstehen, dass wir nicht wissen können, welche Talente ein Kind in sich trägt, welche Erfahrungen und Experimente es erleben muss, um diesen Schatz in sich zu bergen.

#gemeckerfrei bedeutet, es in Liebe auf seinem Weg zu begleiten und unsere eigenen Vorstellungen, wie dieses Kind sein sollte, loszulassen. Wir wollen da sein, wenn es uns braucht – aber nur dann. Und wir wollen es eigene Erfahrungen und Fehler machen lassen – einfach weil es sein Leben ist.

#gemeckerfrei zu sein bedeutet außerdem, die Qualität der Beziehungen über alles andere zu stellen. Zu erkennen, dass unsere Familie unser innerster Kreis ist und dass dies unser Lebenselixier darstellt. Im Jetzt glücklich zu sein ist nur möglich, wenn wir uns vertrauensvoll in diese intimsten Beziehungen unseres Lebens fallen lassen und authentisch die oder der sein können, die oder der wir sind.

#gemeckerfrei bedeutet, eine größere Perspektive einnehmen zu können und alle Herausforderungen des Alltags zu meistern und nicht aufzugeben – auch wenn es mal schwer ist.

#gemeckerfrei bedeutet auch, immer weiterzugehen. Immer liebevoller zu werden und die Neugier auf das, was noch möglich ist, nicht zu verlieren. Der Weg ist das Ziel und deshalb geht es nicht darum, dass wir ankommen, sondern darum, die Reise zu genießen.

#gemeckerfrei ist keine Methode – es ist eine Lebenseinstellung, die du an dich und deine eigenen Bedürfnisse und Vorstellungen anpassen kannst. Denn niemandem wäre damit gedient, ein „Regelwerk für Kindererziehung" in den Händen zu halten, um in den jeweiligen Momenten völlig verunsichert zu sein, welches Verhalten denn richtig wäre. Stattdessen geht es darum, dass du Vertrauen in dich hast. Dass du daran glaubst, in jedem Moment die beste Mama oder der beste Papa für deine Kinder zu sein. Dass du dich immer weiterentwickeln, aber niemals versagen kannst. Dass du entspannen kannst und erkennst, dass an dir alles genau richtig ist. Dass du liebenswert bist und dass du geliebt wirst. Und genau so, wie du richtig und liebenswert bist, sind es deine Kinder auch. Je mehr du sie das wissen und fühlen lässt, umso leichter wird euer Alltag werden. Denn schwierige Verhaltensweisen sind immer nur die Folge von Verunsicherung und Angst vor Liebesentzug.

Wir wünschen dir, dass du dich in diese Reise genauso verliebst, wie wir uns darin verliebt haben. Wir wünschen dir, dass dein Alltag der schönste wird, den du dir vorstellen kannst. Dass du das Zusammensein mit deinen Kindern jeden Tag ein bisschen mehr genießen kannst. Und dass du auch auf dich selbst mit einem liebevollen Blick schaust.

Wenn dieses Buch zu alldem ein kleines bisschen beitragen konnte, freuen wir uns von Herzen.

Teilnehmerstimmen

Seit mehreren Jahren begleiten wir tausende Menschen auf dem Weg in ihren gemeckerfreien Alltag. Dazu gibt es sowohl die *#gemeckerfrei Academy* als auch das *#gemeckerfrei Coaching*. Wir freuen uns sehr, dass schon so viele Familien durch die Zusammenarbeit mit uns einen so viel schöneren Familienalltag erleben und zu ihrer ganz persönlichen „Family in Love" werden konnten. Die Erfolge unserer Teilnehmer sind unser Antrieb und unsere Motivation, jeden Tag weiterzumachen. Denn nur, wenn viele Familien #gemeckerfrei werden, können wir unsere Vision erreichen, die Welt für Kinder schöner zu machen. Deshalb sind wir so dankbar für eure Stimmen als Teilnehmer und freuen uns, sie hier veröffentlicht zu sehen. Danke!

„Das Coaching zu buchen, war die wichtigste und beste Entscheidung meines Lebens – ein Volltreffer! Ich wachse und wachse und wachse an jedem einzelnen Tag und habe begonnen, das Leben in all seinen Facetten zu feiern." (M.G.)

„Es ist verrückt, was euer Coaching möglich macht … Mich triggert kaum noch etwas, persönlich nehme ich schon lange nichts mehr, irgendwas reininterpretieren war gestern, ich begegne allem mit dieser kindlichen Neugier von ‚Mal sehen, welches Geschenk sich hier versteckt'. Danke von Herzen." (P.L.)

„Ich genieße gerade jeden Tag. #gemeckerfrei ist eingezogen und die Kinder sagen so viel öfter liebevolle Dinge." „In meinem Herzen und meiner Familie ist so viel mehr Liebe und Leichtigkeit eingezogen. Ich bin überglücklich." (S.B.)

„Danke an euch! So ein lebensveränderndes Coaching und so eine tolle Reise mit euch!" (G.N.)

„Der Sprung ins Coaching war eine der besten Entscheidungen meines Lebens!" (D.E.)

„Wow, hier passiert gerade etwas … Mein Mann und ich wachsen richtig zusammen. Ich habe das Meckern (vor allem das stumme im Kopf) abgelegt." (A.B.)

„Dank euch höre ich die stillen Impulse, kann sie wahrnehmen, ausdrücken und ihnen folgen. Ihr kreiert wundervolle Dinge, die Menschen auf neue Wege bringen." (M.F.)

„An den letzten Wut- und Schreianfall kann ich mich gar nicht mehr richtig erinnern (und ja, jetzt weiß ich, dass sie ganz viel mit den Spannungen zwischen meinem Mann und mir zu tun hatten." (I.E.)

Danke

Danke an all die wundervollen Unterstützer, ohne dieses Buch niemals das Licht der Welt erblickt hätte.

Zuallererst gilt unser Dank unseren Kindern – Felix, Anja, Jakob und Johannes –, die die eigentlichen Superhelden dieses Buches sind. Ohne sie wäre es uns nicht möglich gewesen, #gemeckerfrei zu entwickeln. Danke an euch, dass ihr die besten Lehrmeister wart und seid, die wir uns hätten wünschen können.

Danke an unsere Eltern, die uns durch ihr Vorbild ermöglicht haben, unser Leben auf diese Weise zu leben und für das Fundament, das sie uns mitgegeben haben.

Danke an die über 500 Musikschüler, die über Jahre bei Bernd im Musikunterricht waren.

Danke den über 100 000 ErzieherInnen, die Ulis Fortbildungen besucht haben und uns damit geholfen haben, #gemeckerfrei als fachlich fundierte Methode zu entwickeln.

Danke an die tausenden Mamas und Papas, die sich in den letzten Jahren für #gemeckerfrei begeistert und zusammen mit uns ihre Reise in einen glücklicheren Familienalltag angetreten haben.

Danke an alle Experten, die uns geholfen haben, unseren Weg zu finden, und die damit alle ihren Teil beigetragen haben zu #gemeckerfrei.

Danke an Ute Flockenhaus, die dieses Buch auf so kompetente, liebevolle Art mitbegleitet hat.

Danke an den Verlag Herder, für die gute und professionelle Zusammenarbeit.

Danke an uns, dass wir nie aufgegeben haben – ganz egal welche Schwierigkeiten sich gezeigt haben.

Literatur

Brahm, Ajan: Die Kuh, die weinte – Buddhistische Geschichten über den Weg zum Glück, München 2006.

Byrne, Rhonda: The Secret – Das Geheimnis. (Kindle-Ausgabe), München 2012.

Dinkmeyer, Don et al.: STEP – Das Elternbuch. Kinder ab 6 Jahre, Weinheim 2004.

Dispenza, Joe: Ein neues Ich. Wie Sie Ihre gewohnte Perspektive in vier Wochen wandeln können, Burgrain 2012.

Dispenza, Joe: The Formula, (Audiokurs) 2020.

Frankl, Viktor: ... trotzdem Ja zum Leben sagen. Ein Psychologe erlebt das Konzentrationslager. München 2009.

Grossmann, Karin und Klaus E.: Bindung und menschliche Entwicklung: John Bowlby, Mary Ainsworth und die Grundlagen der Bindungstheorie, Stuttgart 2020.

Hicks, Esther und Jerry: Wie unsere Gefühle die Realität erschaffen. Die Gesetze der Manifestation, Berlin 2011.

Hüther, Gerald: Würde: Was uns stark macht – als Einzelne und als Gesellschaft, München 2019.

Juul, Jesper: Dein kompetentes Kind. Auf dem Weg zu einer neuen Wertgrundlage für die ganze Familie, Reinbek bei Hamburg 2016 (13. Auflage).

Juul, Jesper: Nein aus Liebe. Klare Eltern – starke Kinder. München 2006.

Kurzweil, Peter; Scheipers, Paul: P. „Aufbau der Materie (Atomlehre)", in: Chemie – Grundlagen, Aufbauwissen, Anwendungen und Experimente, Wiesbaden 2009.

Soremba, Edith-Maria: Legasthenie muss kein Schicksal sein – Was Eltern tun können, um ihren Kindern zu helfen, Freiburg i.Br. 1995.

Stangl, Werner: Arbeitsblätter, https://arbeitsblaetter.stangl-taller.at/ERZIEHUNG/

Tang, Chade-Meng: Search Inside Yourself – Das etwas andere Glücks-Coaching, München 2012.

Walsch, Neale Donald: Ich bin das Licht. Die kleine Seele spricht mit Gott. Roßdorf 1999.